『新 経営学の構図』の体系図

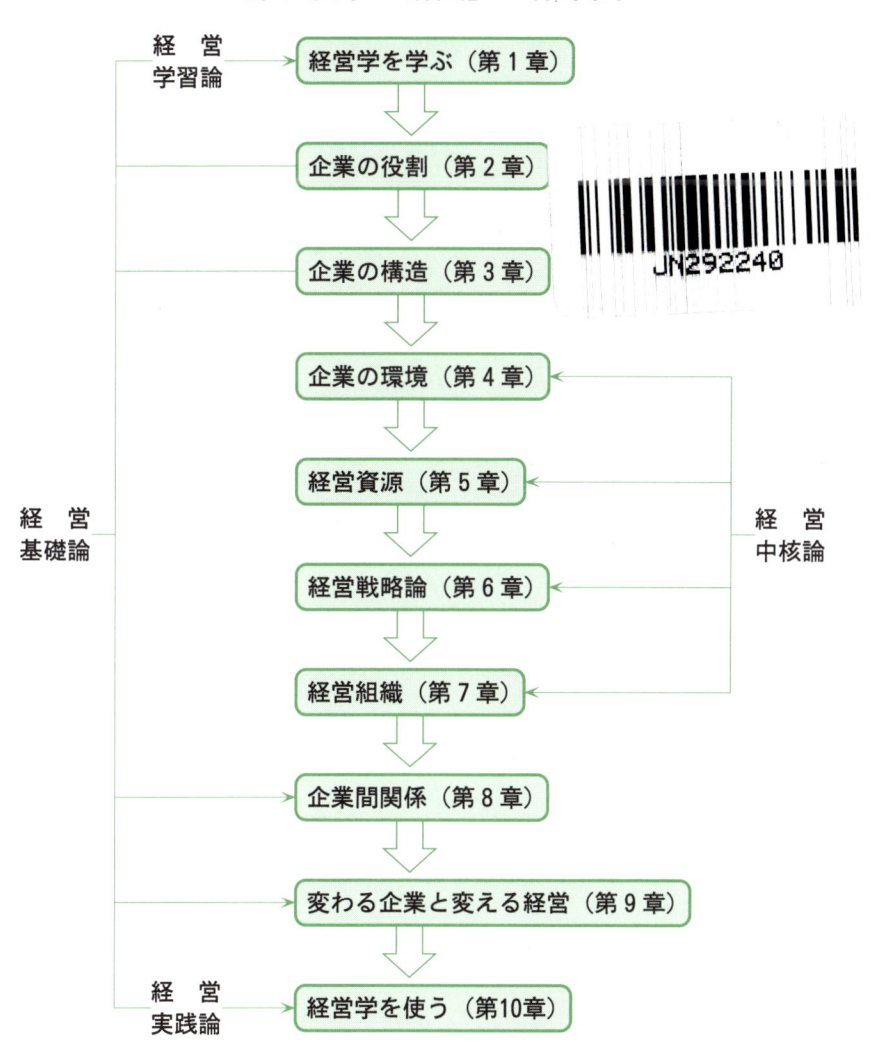

- 経営学習論
  - 経営学を学ぶ（第1章）

- 経営基礎論
  - 企業の役割（第2章）
  - 企業の構造（第3章）
  - 企業の環境（第4章）
  - 経営資源（第5章）
  - 経営戦略論（第6章）
  - 経営組織（第7章）
  - 企業間関係（第8章）
  - 変わる企業と変える経営（第9章）

- 経営中核論
  - 企業の環境（第4章）
  - 経営資源（第5章）
  - 経営戦略論（第6章）
  - 経営組織（第7章）

- 経営実践論
  - 経営学を使う（第10章）

新 経営学の構図

齊藤 毅憲 編

学 文 社

執 筆 者

＊齊藤　毅憲　関東学院大学　（第1・7・9・10章）
野村千佳子　山梨学院大学　（第2章）
宇田　美江　青山学院女子短期大学　（第3章）
田中　信弘　杏林大学　（第4章）
木村　有里　杏林大学　（第5章）
糟谷　　崇　杏林大学　（第6・8章）

（執筆順：＊は編者）

読者へのメッセージ

　本書は,「21世紀経営学シリーズ」の第1巻であるが, 新たな構想で公刊することにした。新版の構想は, 主に「経営基礎論」と「経営中核論」からなり, 前者は経営学がどのような科学であり, どのようにしたら学習できるのか, そしてどのように使っていけるのかをまず取り扱っている。それは具体的には経営学習論というべき第1章と経営実践論の第10章の2章である。

　経営基礎論のもうひとつの柱は, 企業の役割 (第2章), 企業の構造 (第3章), 企業間関係 (第8章), 変わる企業と変える経営 (第9章) の4つの章であり, 企業経営を理解するために必要な問題を対象にしている。とくに, 第2章と第3章はつぎに述べる経営中核論の前提となる議論である。

　経営戦略の立案にかかわる企業の環境 (第4章) と経営資源 (第5章), 経営戦略論 (第6章), 経営組織 (第7章) は, 経営学の中核をなすものであり, キーコンセプトであるため経営中核論と名づけている。この2章については, 経営中核論を前提にしたうえで学習したほうが有益であろうと考えている。

　本書は, 第1章, 第2章, 第3章については初版と同じものであるが, 他は執筆者を含めて変えている。初版は, 経営目標論, 経営構造論, 経営資源論, そして経営基礎論からなっていたから, 2版は新版といえるものと考えている。初版から7年が経過した。しかし, その間の企業経営をとりまく環境は大きく変化しており, これに応えるために新たな構想のものにすることにした。また, 読者の皆様には経営学をわがものにし, 是非とも将来働く場で活用してほしいという思いから, 第10章の「経営学を使う」を配置している。

おわりになるが，本書を通じて，読者には「現代の一般教養」としての経営学の現在の体系や主たる考え方を十分に学習し，理解を深めてほしいと思っている。新刊刊行にあたって学文社の田中千津子社長をはじめとして，同社のスタッフに心からの感謝を申しあげたい。
　2011年2月

齊　藤　毅　憲

目次

第1章　経営学を学ぶ ………………………………………………… 1

1　経営（マネジメント）を考える　2

研究対象としての「企業の経営」　2／　対象の拡大——組織体の経営　2／　「生活のサポーター」としての企業や組織体　3／　経営学の誕生と経営の普遍性　4

2　経営の意味　6

マネージャーの仕事　6／　古典的な定義　6／　「過程」論的な構想の一般化　7／　意思決定や経営戦略策定の重要性　9／　多義性と"つくる"という考え方　9／　ドラッカーのいう「能率」と「効率」　12／　変化がつづく時代の経営学　13

3　経営学の学び方　14

膨大な出版物　14／　企業経営の複雑性と変動性　14／　方法論の確立に失敗した経営学　15／　経営学はおもしろい　17

第2章　企業の役割 …………………………………………………… 19

1　私たちの生活と企業　20

私たちと企業のつながり　20／　物々交換からビジネスへ　21／　経済主体としての企業とその目的　23／　企業家と出資者にとっての企業　25／　企業間の競争　26／　製品やサービスの提供とイノベーション　27／　ライフスタイルの創造と変革〜企業からの情報発信と生活提案　27

2　社会に対する役割　28

雇用機会の創出　28／　日本企業の雇用慣行と社会　29／　生きがいの提供　30／　地域社会の発展と企業　31

3　企業活動のマイナスの側面　32

企業中心型の社会とその弊害　32／　環境問題と企業不祥事　34／個人の主体性の喪失と企業の社会貢献への取り組み　34

第3章　企業の構造 …………………………………… 37

1　所有と経営と労働の分離　38

「企業の構造」の意味　38／スモール・ビジネスの構造　38／規模拡大化における企業構造の変化　41

2　企業内部の分業と調整　43

分業の職能分化　43／マネジャーと階層分化　44／企業内の調整体系　45

3　大規模株式会社の支配構造　48

専門経営者の台頭　48／アメリカ企業の所有と経営　49／日本企業における株主の変化　50／コーポレート・ガバナンス論の台頭　53

4　これからの企業構造　55

日本企業の組織構造　55／取締役会の改革　57／委員会設置会社のガバナンス　58／新しい経営像　60／労働に求められる変化　61

第4章　企業の環境 …………………………………… 65

1　経営環境を分析する意義　66

2　外部環境要因のとらえ方　67

環境要因の分類　67／各環境要因の具体例　69／外部環境分析の実際　74

3　企業とステークホルダー　77

企業を取り巻くステークホルダー　78／現代企業とCSR　81／CSRの領域と現代企業の対応　83

4　経営環境をめぐるさらなる課題　87

第5章　経営資源 ……………………………………… 91

1　経営資源とはなにか　92

経営資源の意味　92／なぜ経営資源に着目するのか　92

2　おもな経営資源とその特徴　93

モノ・物的資源　93／カネ・資金的資源　94／ヒト・人的資源　95／情報・情報的資源　97

3　現代企業に必要とされる経営資源　98

新たに注目される要素　98／　重要な資源とはどのようなものか　101

　4　経営資源の獲得・蓄積・活用　102
　　経営資源の獲得・蓄積　102／　経営資源の活用　104

　5　経営資源に関する今日的課題　105
　　経営資源の国際的移転　105／　未利用資源の発掘と活用　106

第6章　経営戦略論　………………………………………………　111

　1　経営戦略論の視点　112
　2　経営戦略論の展開と発展　114
　3　企業戦略フレームワークの初期研究　118
　　多角化戦略　118／　プロダクト・ポートフォリオ・マネジメント　120
　4　企業戦略フレームワークの発展　122
　　ファイブフォース分析と基本戦略　122／　資源ベース論　125／　ダイナミック・ケイパビリティ　128／　まとめ　130

第7章　経営組織　……………………………………………………　135

　1　組織の構造　136
　　組織図の例　136／　組織の主たる形態　138／　事業部制組織　140／　環境変化への対応　143
　2　経営組織をつくるための考え方　146
　　経営組織の2つの骨格　146／　ヨコの組織づくり　146／タテの組織づくり　149
　3　人的資源と経営組織　152
　　ワーク・モティベーションの理解　152／　人間関係のネットワーク　155／　リーダーシップと組織の構造　156

第8章　企業間関係　……………………………………………………　159

　1　企業間関係をめぐる状況　160
　2　企業間関係論の先行研究　164

資源依存アプローチ　165／　取引コスト・アプローチ　166
　　3　企業境界決定のダイナミクス　170
　　　動学的取引費用アプローチの意味　170／　「消えゆく手」仮説の登場　172／　今後の企業間関係の方向性　174

第9章　変わる企業と変える経営 ……………………………… 181
　　1　変化の意味　182
　　　環境変化による経営学の変質　182／　変化の受容　183／　変化の継続と加速化　185
　　2　変化の創造　185
　　　主体的な活動としての「経営」　185／　生活者に対する満足の提供　187／　ライフスタイルの創造　187／　2面性をもつ企業への新たな課題　189
　　3　「新しい経営」の模索と展望　189
　　　ビジネスモデルの重要性と日本企業のポジション　189／　追われる日本企業の経営　190／　「成熟社会」と「格差社会」のはざまのなかで　191／　「活力」と「品格」の同時併存性　193／　起業家精神の高揚　194

第10章　経営学を使う ……………………………………… 197
　　1　企業や組織体で生きること　198
　　　自己責任のキャリア形成の時代へ　198／　自立性がもとめられる仕事の遂行　199／　ビジネス・パーソンにもとめられるもの　199／　知識の習得と経験の重要性　200／　社会人基礎力の育成　203
　　2　経営学における学習レベルの進化　204
　　　「知る」から「使える」へ　204／　「できる」経営学の意味　206
　　3　「経営を実践する」具体例　207
　　　古典的な定義の実践　207／　PDCAサイクルの活用　208／　経営戦略論を使う　209／　「代表する」仕事の訓練　211／　「経営すること」への意欲を！　211

索　引 …………………………………………………………… 213

第1章 経営学を学ぶ

本章のねらい

　20世紀初頭に誕生した経営学とは，どのような科学なのか。そして，経営（Management，経営管理あるいはマネジメントともいう）は，どのような考え方のものなのか。これらを考えることから，本書をスタートさせたい。本章を学習すると，以下のことが理解できるようになる。

① 企業の経営（経営管理，マネジメント）と経営学の性格

② 経営の意味

③ 経営学はどのようにしたら学べるか

1 経営(マネジメント)を考える

研究対象としての「企業の経営」

　経営(経営管理,マネジメントとかアドミニストレーション(Administration)ともいう)という言葉がよく使われる。たとえば,「あの企業の経営はいい」とか,「あの会社の社長は経営に失敗して,会社を倒産させてしまった」などといわれる。この場合の経営は,われわれ生活者が求める製品やサービスの開発・製造・販売にかかわる**企業(ビジネス)**に直接関係し,それを動かす活動を意味している。

　20世紀初頭に誕生した経営学は,のちにも説明するが,この企業の経営を研究の対象にして発展してきた。別の言い方をすると,経営学は,企業とその経営とはどのようなものであるかを解明するとともに,あわせて既存の企業経営をよりよいものに改善したり,向上させることに貢献してきた。したがって,経営に関する知識や技術は,企業経営の現実を観察・分析する研究者,マネジメント・コンサルタントや,企業経営に直接携わってきた経営者などによって創造されてきた。

対象の拡大——組織体の経営

　ところで,経営は企業だけにあるわけではない。われわれが生活している社会にはいろいろな**組織体**(Organization,オーガニゼーション)があり,私たちの生活に役立っている。たとえば,役所という組織体つまり行政もそのひとつであり,これにも経営があって,行政の経営は現代では重要な研究テーマになっている。また,病院や学校,各種の団体・協会,サークルやボランティア組織などを含むNPO(Non Profit Organization,非営利組織)においても,経営は重要である(図表1-1)。

企業の経営には，みずから採算をとりつつ活動を継続的にしていかなければならないという側面がある。それは自立性というべきものであるが，そのためには能率的に経営するだけでなく，売上高をあげたり，利益を獲得する必要がでてくる。

　これに対して，ここにあげた企業以外の組織体は，利益をあげることは重要な目的ではない。しかし，継続的に活動を続けようとするならば，能率的に経営を行っていくことが不可欠になる（図表1－1）。このようななかで，経営学は企業だけでなく，われわれの生活にかかわっているその他の多くの組織体をも研究するようになっている。アメリカでは「**経営と組織**」（マネジメントとオーガニゼーション）というように，経営を企業以外の種々の組織体とも結びつけて考えてきたが，これは経営学が研究の対象を拡大してきたことを意味している。

「生活のサポーター」としての企業や組織体

　とはいえ，経営に関する知識や技術は主に企業を中心にして開発され，創造されてきた。そして，この企業は，第2章でも述べるが，基本的に私たち生活者に奉仕するサポーターになっている。

　生活（ライフ）の主要な分野には，古くから「**衣・食・住**」があるといわれてきた。しかし，現代ではさらに余暇（レジャー）と**生活インフラ**（交通，電気，病院，上下水道，通信，金融・保険，その他公共施設など）を加えた分野に，企業だけでなく，組織体がつくられてきた。そして，企業は，行政やNPOなどとともに，われわれの生活のサポーターとして，生活者の求める製品やサービスの提供に貢献してきた。

　これにより，20世紀以降，工業先進国では，生活者は豊かで便利な生活ができるようになっている（図表1－1）。21世紀に入って新興国でも企業が発達し，生活者の暮らしは豊かになるであろう。もっとも，21世紀に近い時期になると，**天然資源の浪費**，地球規模での**環境問題**の発

図表1−1　経営学の研究対象と意味

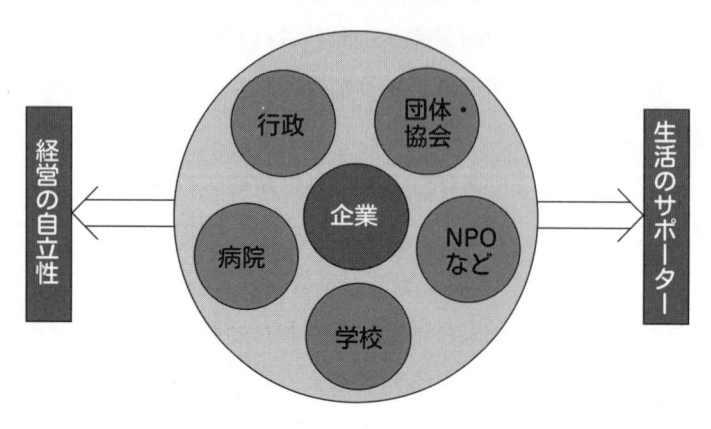

中央に「企業」、その周囲に「行政」「団体・協会」「NPOなど」「学校」「病院」が配置された円の図。左向き矢印に「経営の自立性」、右向き矢印に「生活のサポーター」。

生など，企業活動のもたらすマイナス面が顕著になった。そこで，21世紀はその改善に努力しなければならない。

それはともかく，20世紀は，豊かさや便利さをつくりだした**「企業の世紀」**であり，経営はこの企業の活動を動かし，支えてきた。21世紀に入ったいま，企業はマイナス面を抑制しつつ，生活のサポーターとしての立場を発展させてほしいと考える。

経営学の誕生と経営の普遍性

経営に関する科学である「経営学」は，歴史的にみると，すでに述べたように，企業が発達した20世紀の初頭に誕生している。規模が拡大し，直面する問題が多様化するとともに，企業の経営は複雑となり，それを円滑に行うことがもとめられるようになった。そのようななかで，企業の経営を対象にした**科学**（science）を構築しようという動きがアメリカやドイツ，日本などの工業先進国を中心に生じる。

それとともに，この経営の知識や技術の体系（経営学）を大学などの高等教育機関で学生に教授し，企業の**経営者**（マネジャー）やマネジメント・コンサルタントとして将来活躍できる人材を育成しようという動

きも大きくなる。つまり，経営という仕事を医者，牧師・神父，弁護士などと同じような**プロフェッション**（profession，専門的職業，プロ）に高めようとする努力が行われるのである。

21世紀となり，若い科学である経営学は2世紀目の時代を迎えている。しかし，経営という活動や仕事の起源そのものはきわめて古く，人類の歴史とともにある。

ひとりでなにか（**目的**）を達成しようとしてもうまくできない場合に，他人との**協働**（コラボレーション）が必要になる。たとえば，食料を得るために畑をつくるとか，狩りを行うときには，どうしてもひとりの力では不足になることが多い。この場合，周辺の人間のサポートをもとめたり，チームを組んで対応しなければならない。

そして，協力する人間の数が多くなれば，そこにリーダーやマネジャーのような人間を配置したり，仕事の分担関係を決めてしっかりとしたチームや組織をつくるなどして，目的の円滑な達成方法をさがすことになる。これが，経営の起源となる。経営学は，20世紀の初頭の企業規模の拡大や直面する問題の複雑性に対応すべく誕生しているが，経営という活動自体は人類の歴史とともにあったのである。

そして，すでに述べたように，企業を含むさまざまな組織体において経営という活動は行われ，かつ必要とされている。また，企業に限定してみても，業種が異なったとしても，あるいは規模が異なっても，経営活動は行われているのである。このように，経営が時間をこえて存在することと，組織体であればどこにでも存在することをあわせて，「**経営の普遍性**」（Universality，ユニバーサリティ）という。

2 経営の意味

マネジャーの仕事

それでは，経営とは具体的にどのようなものであろうか。それは，簡潔にいうと，企業などの組織体で活動するマネジャーが行っているとか，あるいは行うことを期待されている仕事のことである。英語の**マネジメント**は，経営という仕事をさしているが，それだけでなく，この仕事を行う人間，つまりマネジャーとか経営（管理）者とも訳される。もちろん，経営の普遍性のところで述べたように，マネジャーが働いている**場**は，それぞれ異なり，さまざまである。

古典的な定義

以下では，マネジャーの仕事がどのように考えられてきたのか。代表的な定義をいくつかみていくことにしたい。

アメリカの古い文献でよく使われていた表現に，「**人びとを通じて，ものごとをしてもらうこと**」（getting things done through people）がある。スポーツの監督やオーケストラの指揮者はみずからプレイをしたり，楽器をひくことはしないで，選手や演奏者の力をかりて試合や演奏をしてもらっている。マネジャーもこれと同じことを行っていることを，この表現は示している。

具体的には，マネジャーは部下となる人びとの**協力**を得て，企業などの組織体の**目的**を達成するために，部下それぞれに仕事を割りあて，その仕事をしてもらっているというのである。ここでのマネジャーの役割は，部下に仕事を配分し，彼らの仕事ぶりをみることである。

もっとも，マネジャーの仕事には，選手や演奏家としての仕事もかな

り入っており，プレイヤー兼マネジャーという特徴がみられる。中小企業の工場にいくと，経営者も従業員と一緒になって製品をつくっている。また，小さなレストランの経営者はオーナーであるとともに，料理人としての仕事も行っている。

　工場経営の専門家であった**テイラー**（Taylor, F. W.）は，経営学のパイオニアのひとりであり，19世紀末期のアメリカの工場内での能率向上に関心をもっていた。彼の研究は「**科学的管理**」（Scientific Management）で知られているが，彼のイメージするマネジャー像は工場の現場管理者であり，その第一の仕事は，科学的にきめられた仕事（「**タスク**」という）を部下に割りあてることである。しかしその際，仕事を配分するだけで報酬を支払わないと部下は仕事をしないと考え，賃金の支払いによって部下を仕事に動機づけようとした。したがって，仕事への**モティベーション**（動機づけ）が，マネジャーのもうひとつの重要な仕事になっている。

　マネジャーはこの動機づけに配慮して部下に対応するので，人間への理解が大切であるという考え方が，のちに登場してくる。それは，働く人びとの欲求（ニーズ）や動機，マネジャーのリーダーシップ，職場内のコミュニケーション（意思の疎通），仕事や職場への忠誠心（ロイヤリティ）や一体感（コミットメント）などといった言葉があり，それらが重視されてきた。

「過程」論的な構想の一般化

　フランスの鉱山経営者であった**ファヨール**（Fayol, H.）も経営学のパイオニアのひとりである。彼は，企業全体を動かす経営者の立場から自分自身の仕事のやり方をふりかえっている。マネジャーの仕事が企業のなかではとくに重要であり，それは「**計画化→組織化→命令→調整→評価**」から成り立っていると主張している。

図表1―2　ファヨールによる経営の過程（プロセス）

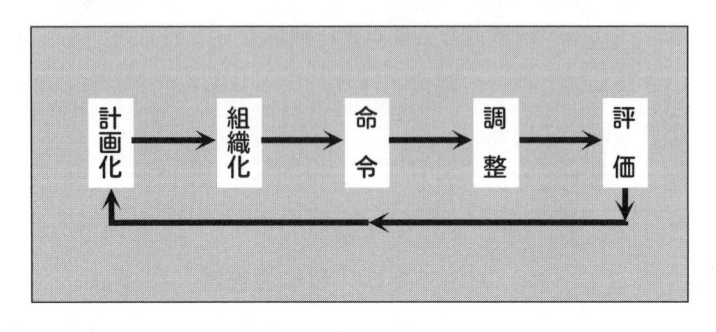

　計画化　→　組織化　→　命令　→　調整　→　評価

　それによると，マネジャーにはこれらの5つの仕事があり，しかもこの順番どおりに行うことになる。経営という活動はひとつの流れ（フロー），つまり**過程（プロセス）**をなしているという。

　この過程とは，経営者のレベルでいうと，企業の全体的な目標や方向性を決めることでスタートする。それを行ったら，つぎにこの目標を達成するのに必要な**経営資源**を調達し，これらをうまくミックスできるような組織をつくるのである。とくに企業ではヒトという経営資源が大きな力を発揮するので，**組織図**をつくることが大切となる。この組織図づくりののちに，それに適切な人間が選抜され，配置されることになる。

　第3のステップである命令とは，現代ではリーダーシップや部下の動機づけへの配慮などを意味している。この**命令**を発することで，組織図に配置された人びとは，最初に決められた全社的な目標の達成にむかって動き出すのである。

　そして，活動が行われたあとには，組織図を構成しているそれぞれの単位（職場）内あるいは単位間で，目標に向けて活動がバランスよく遂行されているかいないかをチェックする。そして，遂行されていない場合には，見直したり，別のやり方を行うことになる。これが**調整**である。

　最後の**評価**という活動は，当初の目標や方向性が実現されたかどうかをたしかめ，とくに実現されなかった場合には，その原因を調査する。

この活動が終わると，再び最初の計画化にもどり，また同じ過程をたどる（図表1－2）。

ファヨールによると，マネジャーはこのような過程をたどって仕事を遂行すれば，良好に経営を行えると考えたのである。もっとも，小規模の企業の経営者や従業員に近いレベルで働いている企業のマネジャーの場合には，大企業の経営者とはちがって，プレイヤーとしての仕事のほうが多く，マネジャーの仕事の部分は少ないとしている。

意思決定や経営戦略策定の重要性

ファヨールのこの考え方は，現在のアメリカの教科書にも多く採用されている。この考え方には，経営を体系的に把握し，理解できるというメリットがある。しかし，経営の主な仕事はむしろ，企業をとりまく環境の変化を予測しつつ，将来の企業の目標や方向性を決めることであるという主張があらわれてきた。

それは，**意思決定**（Decision-making，デシジョン・メーキング）という。そして，とくに現代のようにきわめて激しい変化のなかで，それに対応できるような意思決定は，**戦略的な意思決定**とか，経営戦略といわれてきた。1960年代以降の経営学では，このような問題をとり扱う**経営戦略論**が大きな位置を占めてきている。

多義性と"つくる"という考え方

マネジャーの行う経営について古典的な意味をいくつかみてきた。しかし，経営の意味にはさまざまなものがあり，多義的である。すでに述べてきたもの以外に，情報を収集したり，処理する「**情報処理**」，企業や職場の代表者となる「**代表**」，企業や職場の外部にいる人びとと取引する「**交渉**」，製品やサービスを開発したり，新しい経営のしかたをつくりだす「**革新**」（イノベーション），選択と集中のように経営資源の有

効な配分を考えるという「**資源配分**」などがある。要するに，経営といっても，統一的な定義が確立しているわけではない。

　本章では，経営の意味を"つくる"とか"つくり直す"といった，いわゆる「**つくりの思想**」でとらえてみたい。"いい企業をつくる"とか"現状を打破して，新しい企業につくり直す"だけでなく，"いいマチづくりを行いたい"，"商店街を再生する"，"新しい団体やサークルをつくる"，"人づくりを行う"，"ミニコミ紙を仲間とつくる"など，われわれの生活のなかには，いろいろな"つくる"，"つくり直す"がある。

　すなわち，これは，なにかの目的をもって，その実現に向かってつくるとか，つくり直すという主体的な活動である。この"つくり"の思想は，実践的（プラクティカル）な活動であり，**設計**（**デザイン**）だけでなく，それを実現していくことである。そして，これが，経営の本質や特質なのである。

　たとえば，**経済学**や**社会学**といった代表的な社会科学も企業を分析したり，調査しており，経営学もそれらの成果を利用しているが，目的にむかって企業や組織をつくるとか，つくり直すといった主体的な活動が，経営学の重要な特徴である。

　さて，この主体的な活動には，2つのタイプがある。ひとつは"**メイク（make）の思想**"であり，もうひとつは"**クリエイト（create）の思想**"である。前者は，つくる対象（企業でいうと製品やサービス）だけでなく，つくる方法も明確に決まっているものである。たとえば，企業には主力製品ともいうべきものがあり，それは経営としての自律性や存続，つまり生きつづけることを支えている。それは，顧客にすでに受けいれられている既存製品の生産であり，これらについては能率的につくり，コストを低下させることが求められている。つまり，メイクにおいては，能率や生産性が重視される。

　これに対して，後者のクリエイトの思想は，つくる対象やつくる方法

図表1−3　"つくる"という経営の思想

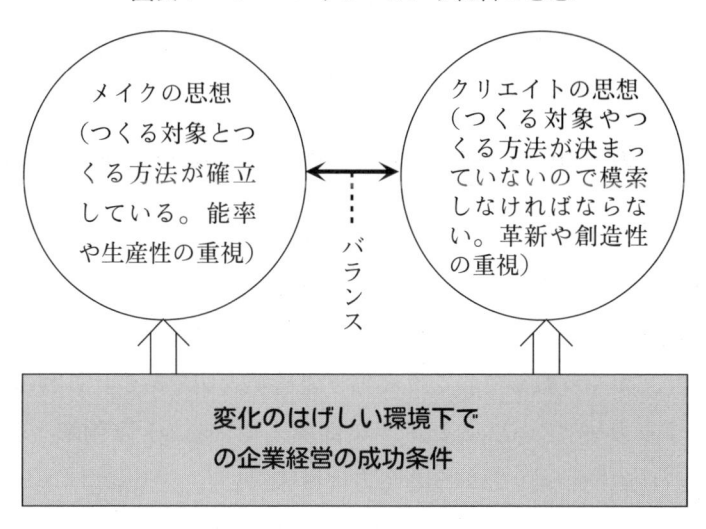

```
┌─────────────────┐    ┌─────────────────┐
│  メイクの思想    │    │ クリエイトの思想 │
│ (つくる対象とつ  │    │ (つくる対象やつ  │
│  くる方法が確立 │◀──▶│  くる方法が決まっ│
│  している。能率 │ バ  │  ていないので模索│
│  や生産性の重視)│ ラ  │  しなければならな│
│                 │ ン  │  い。革新や創造性│
│                 │ ス  │  の重視)         │
└─────────────────┘    └─────────────────┘
        ▲                       ▲
        │                       │
┌───────────────────────────────────────┐
│     変化のはげしい環境下で             │
│     の企業経営の成功条件               │
└───────────────────────────────────────┘
```

が決まっていない場合のものである。現代は，製品やサービスの開発や生産にかかわる技術が進歩し，それらを利用する消費者のニーズも変化している。また，競争企業の動きも察知しなければならない。そこで，企業は現在売れているといっても，主力の既存製品の生産・販売だけに頼るわけにはいかない。

このような状況では，新しい製品やサービスの開発と生産，そのための**研究開発**（リサーチ・アンド・ディベロップメント，R&D）や**市場調査・需要予測**を強化した経営が求められる。企業の経営者はたえず新しい製品やサービスをつくることが可能な経営を展開しなければならない。これがクリエイトの思想であり，メイクの場合には能率や生産性が大切にされるのに対して，革新や創造性が重視されることになる。

現代のように変化のはげしい環境のもとでは，企業はこの2つの考え方をうまくバランスをとって生きつづけていかなければならない（図表1−3）。クリエイトの思想が大切であるとはいえ，メイクの思想もしっかり実行し，経営としての自律性や存続を可能にする**報酬**（売上高，利

益など）を得なければ，クリエイトの実践もむずかしくなるからである。

そして，このような矛盾した2つの考えが経営に必要なことを「**同時併存性**」（ambivalence，アンビバランス）という。

ドラッカーのいう「能率」と「効率」

経営は，このようにみてくると，"つくる"ことであり，現代の経営にはメイクとクリエイトの2つが必要となる。いまうまくいっている企業の経営が，今後もそのままうまくいくとはかぎらない。そこで，たえずつくり，つくり直していこうという姿勢が大切である。これに関連して，**ドラッカー**（Drucker, P. F.）の**能率**（efficiency）と**効率**（または，有効性，effectiveness）という考え方は興味深い。

ドラッカーは，能率とは，経営資源の投入（インプット）と産出（アウトプット）の関係を示す**生産性**であるとしている。これは能率的に既存の製品やサービスをつくることを意味しており，前述したメイクの思想にまさに関連している。

しかし，彼は効率というもうひとつの言葉をも重視している。それは，企業や組織体の目標の達成を可能にする考え方であり，ドラッカーの場合，企業は活動をつづけるべく生き残ること，つまり存続が目標になるとしている。彼は，馬車のムチを能率的につくっていた業者が，20世紀初頭の自動車の登場によってピンチにおちいったという事例をあげているが，このような事例は現在でも数多くある。そして，これは，能率よりも効率が重要であることを示しており，まさにクリエイトの思想の重要性を主張している。

なお，この2つの考え方は行政などの組織の経営を説明するのにも使うことができる。たとえば，高齢化が進展した都市が必要とする病院や福祉施設を多額の投資を行って建設したとしよう。この場合，目的は達成できたので，効率的であるといえる。しかし，コストを多く必要とし

たという点では，能率的ではなかったのである。要するに，効率的であるとともに，能率的であることが経営にとっては必要なのである。

いずれにせよ，現代の企業経営にとってはメイクとクリエイトの思想の同時併存性やドラッカーのいう能率と効率の同時達成が大切であり，これを通して"つくる"，"つくり直し"を行い，生きつづけること（サクシード，succeed）がもとめられている。経営とは，一時的に利益をあげることではなく，いいときもあるが，悪いときもあるという「**山あり，谷あり**」のなかで生きつづけることが大切なのである。

変化がつづく時代の経営学

現代の企業経営が**変化への対処能力**をどのようにもっているかが，大きな課題として登場してくる。経営学の発展のなかでは1960年代以降，環境の変化に適応できるような**経営戦略論やコンティンジェンシー（環境適応）理論**などが登場している。その後，コア・コンピタンス（企業の中核能力）論，組織能力論，知識創造理論など，経営資源の分析を重視するような考え方も台頭し，変化に対応できる経営理論づくりがはかられてきた。そして，そのような状況のなかで，働く人びとにも同じように変化への自立的な対処能力がもとめられてきた。

21世紀に入り，IT（ICT，情報技術）化とグローバル化の進展，環境問題の深刻化，さらには国内や地域の経済の停滞，国際経済の不安定化など，企業経営をとりまく環境はまさに激動のなかにあり，きびしい状況にある。経営学は他の科学の力もかりて，このようななかで企業経営をサポートし，企業が生きつづけられるようにすることがもとめられている。しかも，経営者には**CSR**（Corporate Social Responsibility，企業の社会的責任）の遂行や倫理的経営も強く要請されている。

3 経営学の学び方

膨大な出版物

　それでは，経営学はどのようにしたら学べるのであろうか。大学の図書館にいくと，**経営に関する出版物**（著書，雑誌，報告書など）を多く目にすることができる。その点では，自分が知りたいと思えば，それらのなかから自分の関心や問題意識にあったものをさがすことができる。

　経営学を古典に学ぶこともいいし，革新的な経営を展開した経営者や企業を分析した著書にふれるのもよいであろう。そして，IT，コーポレート・ガバナンス（企業統治），CSR，環境問題，社会起業家などの現在の経営課題を研究することもできる。その意味では，なにか自分が調べてみたいテーマをまずみつけることが大切になる。

　もっとも，出版物での学習には限界があるかもしれない。現代の企業経営は激動のなかで行われており，日々変化している。しかし，出版物は現在まさに進行中の変化を書いているわけではない。現在の時点で考えると，出版物に書かれていることは過去のものである。

　したがって，出版物だけでなく，新聞やTV，経済関係の雑誌，企業などが提供するインターネットの情報などにも注意を払う必要がある。また，場合によっては，関心のある企業に直接コンタクトをとって情報をもらうとか，**インタビュー（面接）調査**や，**アンケート調査，観察調査**などを行うことも必要となる。

企業経営の複雑性と変動性

　ところで，経営学を学習したり，さらに研究をしようとする際に留意しなければならないのは，企業経営自体がきわめて複雑かつ多様な側面

をもっていることである。のちの章で**経営資源**（ヒト，モノ，カネ，情報など）について検討するが，企業を経営資源の観点からみると，企業活動はそれらの組み合わせでつくられている。しかし，その経営資源それぞれが別個に説明されることが多く，相互の関係がみえなくなっている。企業活動とか企業経営がそれらの組み合わせで成り立っている全体であるにもかかわらず，別個にとり扱われてきたために，相互関係からなる全体の動きがとらえられにくくなっている。

それは，専門化した**現代の医学**に似ている。人間の身体は全体としてみなければならないが，実際に総合病院へいくと，内科，外科，耳鼻科など，きわめて多くの診療部門にわかれている。経営学にもこれと同じようなことがいえるかもしれない。科学においては専門化や分業が進むと，対象の全体はみえなくなる。しかし，現実にはこの専門化を進めることにより，皮肉なことであるが，科学は進歩するのである。そして，経営学もまさにこの矛盾のなかにある。

企業経営自体は，複雑で多様な側面をもつが，すでに述べてきたように，環境の激動のなかでそれが変化を続けていることにも注目しなければならない。現代の経営は，「**日々新たなり**」であり，変化がはげしいとすれば，これまで成功していた経営であっても，それにこだわっていてはうまくいかなくなるおそれがある。

そこで，メイクの思想をベースにしつつも，他方でクリエイトの思想を重視した経営を展開し，生きつづけなければならない。要するに，経営は，たえず変化するものであるとか，変えていかなければならないという認識をもつことが大切である。

方法論の確立に失敗した経営学

研究すべき対象はなにか，そして研究対象に接近する方法はどのようなものかを明確に示すことが方法論の確立ということである。このうち，

経営学は研究対象については企業を中心としてその他の組織体にも拡大してきた。したがって，この対象をめぐっては，それほど大きな問題はない。

　しかし，対象にいかに接近するかというアプローチの確立については，他の科学に遅れて誕生した経営学は必ずしも成功してきているとはいえない。すでに述べたように，対象である企業経営自体が複雑性と変動性に満ちているというのが，その主な理由である。たとえば，前述した経営資源でいうと，ヒトを分析しようとすると，どうしても心理学や社会学などの力を借りなければならない。また，カネは経済学や数学・統計学の方法や成果によらないと研究ができない。さらに，情報は工学や情報科学などに頼らざるをえない。

　経営学は他の科学と区別される独自の方法を確立しようとしてきたが，結局のところはできなかった。むしろ，可能なかぎり各種科学の方法や成果を援用して，対象にアプローチするべきだという考え方が一般的になった。これは，**学際的なアプローチ**とか，**総合科学的な方法**といわれ，研究対象のもつ特徴から，経営学はこのようなアプローチをとらざるをえなくなっている（図表1－4）。

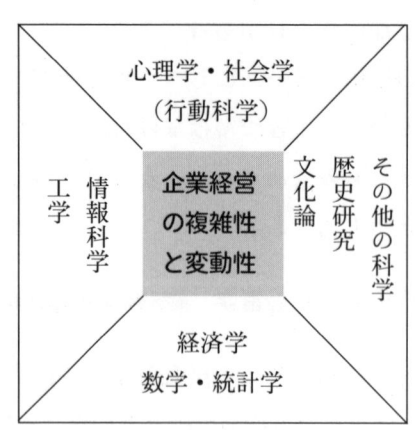

図表1－4　総合科学的な性格をもつ「経営学」

経営学はおもしろい

とはいえ、経営つまり"つくる"という観点から企業だけでなく、いろいろな組織体を研究し、しかも各種の科学の力を援用して研究できる経営学は、きわめて魅力的で、おもしろい科学である。また、企業経営はつねに変化のなかにあり、その動きをフォローするだけでもおもしろい。

「生活のサポーター」としての企業の力はきわめて大きくなっており、生活や社会のすみずみにまで企業活動の影響が及んでいる。したがって、それぞれの企業がどのような活動を行っているのかを注意深く観察することが大切なのである。

その意味では、経営学には、ひとつひとつの企業に注目して、その経営をたんねんに調べていくという態度も必要である。それが**事例研究**（ケース・スタディ）であり、経営学には不可欠といえる。ひとりひとりの人間がそれぞれちがうように、経営も企業や組織体が異なると、それぞれにちがうと考えるべきであろう。たとえば、同じ業種でも経営はちがうわけで、それを知ることは、きわめて興味深いことなのである。

《参考文献》

齊藤毅憲編『経営学エッセンシャルズ』中央経済社，1995年

齊藤毅憲編『新次元の経営学』文眞堂，1994年

齊藤毅憲編『経営学を楽しく学ぶ』（ニュー・バージョン）中央経済社，2002年

齊藤毅憲・石井貫太郎編『グローバル時代の企業の社会』ミネルヴァ書房，2002年

齊藤毅憲編『ヒトがいきる経営』学文社，2008年

《いっそう学習（や研究）をすすめるために》

東北大学経営学グループ『ケースに学ぶ経営学』有斐閣，1998年
　経営学では事例研究が重要であると述べたが、本書はまさに事例で学べ

る教科書である。類書には，井原久光『ケースで学ぶマーケティング』（ミネルヴァ書房，2001年）などがある。

片岡信之・齊藤毅憲・佐々木恒男・高橋由明・渡辺峻『はじめて学ぶ人のための経営学入門』文眞堂，2008年
　入門教科書は多く出版されているが，本書もその代表的なものであり，学習しやすいといわれている。

《レビュー・アンド・トライ・クエスチョンズ》
① あなたの関心のある組織体はどれですか。その経営はどのような特徴をもっていますか。
② テキストの学習をふまえて，マネジャーの仕事がどのようなものかを要約してみて下さい。
③ 経験の重要性をあなたはどのように考えていますか。これまでのなかで大切と思われる自身の経験は，経営能力にどのように関係していますか。
④ あなたが事例研究してみたい企業をあげて下さい。その場合，日本だけでなく，外国の企業もリスト・アップして下さい。

第 2 章

企業の役割

本章のねらい

　企業は，本業において，より良質で安価な製品やサービスを提供しようと努力しており，その結果，私たちはその恩恵にあずかっている。また，企業は本業以外の面でも，文化やスポーツの支援や社会貢献活動というかたちで，私たちの生活をサポートし，豊かにしている。

　本章では，以下のような，私たちと企業との多様な関わり方についてみながら，企業の役割と私たちの生活への影響力について学ぶことになる。

① 顧客（消費者）として
② 従業員（生産者）として
③ 出資者（株主）として
④ 地域社会のメンバーとして

1 私たちの生活と企業

私たちと企業のつながり

　今日,わが国のような先進国において,私たちは企業とまったくかかわりをもたずに生きていくことはむずかしい。ふだんなにげなく生きていても,経済や社会のシステムのなかで企業は大きな存在であり,その活動は私たちの生活に大きな影響を与えている。

　私たちは朝起きてから夜寝るまで,すべてのことを誰の世話にもならずにひとりで行うことは,無人島でもないかぎり,めったにないだろう。朝目覚めて部屋の明かりをつけ,顔を洗って,冷蔵庫を開ける。24時間,好きなときにスイッチを入れれば電力の,蛇口をひねれば水道のサービスを受けることができる。

　さらに,電車やバスに乗って職場や学校に向かえば,鉄道会社やバス会社のサービスを受けているし,お昼のお弁当をコンビニで買えば,コンビニエンス・ストアの「欲しいものを欲しい時に,手軽に手に入れることができる」というサービスを受けている。それに,そのお弁当を買うお金は,自分や家族が職場で働いた報酬として得られたものである。このように,**衣,食,住,生活インフラ**(電気,交通,報道,病院など)や余暇を加えた生活のかなりの分野が,今日では企業の活動によって支えられている。

　企業の役割は,このように製品やサービスの提供を通して私たちの生活を便利にするだけでなく,豊かにしている。私たちは,「**消費者**」として企業の提供する製品やサービスを消費する一方で,「**生産者**」として企業に労働力を提供し,その報酬として賃金を得ている。つまり,企業は私たちにとって"働く場"であり,"生活を支える場"でもある。

企業が倒産したり，規模を縮小するために，**人員削減**を行ったり，または不祥事を起こしたのに対して取引先企業が，対抗措置としてその企業の製品やサービスを扱うのを止めたりするときに，その企業の存在や影響力の大きさに気づくものである。また，企業の人員削減によって，家庭の収入がなくなってしまったり，工場の閉鎖によって地域住民を雇用できなくなり，地元の商店街の売上が激減したりする。こうなると，それはあまりにインパクトが大きいために，社会問題になりうる。また，企業活動は地球全体にかかわる**環境問題**のほか，扱う製品やサービスの内容によっては，私たちの健康や生死にかかわる安全性の問題となる。
　このように企業の存在が大きいことから，企業の役割を考えるにあたっては，企業の存在意義や社会貢献や責任についても考える必要がある。

物々交換からビジネスへ

　いま述べてきたとおり，今日私たちは，生活に必要な製品やサービスの多くを自分でつくるのではなくて，他者に依存している。かつて，人間は米やパンや野菜などをはじめ，衣食住の多くを自分たちで獲得する，といったいわゆる「**自給自足**」を行ってきた。だが，これには犠牲や労力といったものが必要であった。
　そこで，ひとりもしくは自分たちの家族だけですべてのものを獲得するのは困難であるため，他者と**物々交換**をしたり，**貨幣**で買うようになった。つまり，自給自足できないものや，労働をしなくてもすむような製品やサービスを提供し，売買しあうことで，お互いに分業がなされるようになった。
　このビジネスは，家計を充足するための家内営業（**自営業**）で行われていたが，のちに事業の規模が大きくなり，資本主義の発展とともに，企業という組織体のもとで行われるようになってきた。この企業（ビジネス）は，大きな資本や資源をもち，賃金を支払うことで他人を雇う大

図表2−1　私たちと企業の多様なかかわり方

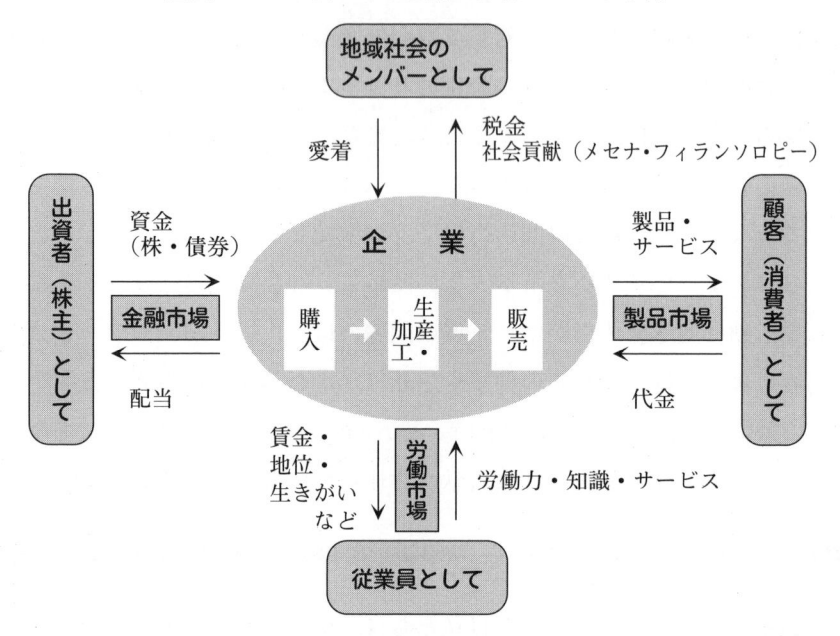

```
                    ┌─────────────┐
                    │ 地域社会の   │
                    │ メンバーとして│
                    └─────────────┘
                    愛着 ↓ ↑ 税金
                         社会貢献（メセナ・フィランソロピー）

┌──────┐ 資金        ┌──────────────────┐        製品・     ┌──────┐
│出資者│（株・債券）│      企　業      │        サービス   │顧客  │
│(株主)│ →          │ ┌──┐ ┌──┐ ┌──┐│        →        │(消費者)│
│として│ 金融市場    │ │購│→│生│→│販││  製品市場        │として│
│      │ ←          │ │入│ │産│ │売││        ←        │      │
│      │  配当       │ │  │ │加│ │  ││        代金      │      │
└──────┘            │ │  │ │工│ │  ││                   └──────┘
                     │ └──┘ └・┘ └──┘│
                     └──────────────────┘
                    賃金・  ↓ ↑ 労働力・知識・サービス
                    地位・  労働市場
                    生きがい
                    など
                    ┌─────────────┐
                    │ 従業員として │
                    └─────────────┘
```

きな組織であるため，より安価で良質の製品・サービスを大量に供給できるようになった。そして，その商品やサービスの対価として，私たちはお金を払い，企業は利益を上げている。

　とくに，**大量生産**や**大量販売**ができるシステムをつくることで，良質の商品を安く提供することが可能になった。とくに電気などのサービスを提供するには，発電したり，送電したりするためのインフラが必要であり，このインフラをつくるためには大きな資本が必要である。

　このように，それを専門とし，得意とする他者に任せることによって，私たちは生きるために必要な日常の労働から解放され，労働力や時間を他の自分のすべきこと（自分の仕事）にまわすことができる。たとえば，洗濯機や掃除機などの家電の普及によって，女性の家事の負担が軽減され，**女性の社会進出**を促進することになった。

　企業は，消費者のニーズを探り，それに応えたり，もしくは新たなニー

ズを喚起するような製品やサービスを開発している。その結果，私たちの生活は，ますます便利になり，充実してきている。

経済主体としての企業とその目的

　企業は，家計や政府と同様に，目的をもち，みずからの意思によって活動を営む経済主体である。
　家計は，企業に労働力を販売した見返りに賃金というかたちで所得を得るとともに，企業から製品やサービスを購入している。政府も同様に，公共事業を行う際の必要な資材を企業から購入し，その対価を支払う。このように，3者は相互に結びつき，お互いの間で売買活動が行われ，この活動を通じて経済が循環されている。
　企業は，このような経済循環のなかの一主体であるが，個別にみると，どのような存在であろうか。さまざまな製品やサービスを提供することによって私たちの生活を豊かにし，サポートしてくれている企業は，どのような活動をしているのであろうか。
　まず，企業は組織，すなわち人間の集合体である。それは，ひとりではなしえないことをなし遂げるために，2人以上の人間が力を合わせる組織体である。組織とは，ある共有する目的を追求しようと複数の人が集まって活動を行うものであって，その管理にあたってはメンバーがやる気になるように，動機づけることが重要となる。
　ある起業家が，みずからの提供する製品（たとえば健康関連商品）やサービスでもって，人びとの生活や社会を豊かにしようといった自分の"夢"やミッション（使命）をもっているとする。だが，自分ひとりでそれを実現するのは困難であり，そのためには，その他のヒト，モノ，カネ，情報などの経営資源が必要となり，それらを組織化して，企業をつくる。したがって，企業は人間の集合体でもあるし，資金，店舗，事務所，経営上のノウハウといった有形，無形の資産の集まりでもある。

企業はヒト，モノ，カネのほか，技術，情報，知識などの経営に必要な**経営資源**を用いて生産活動を行っている。これらを**インプット（投入）**して，よりよい製品やサービスといった**アウトプット（産出）**を生み出すことが，企業においては重視される。

　企業は仕入れたものを加工して**付加価値**をつけて，製品やサービスというかたちで売り出す。それらを顧客に買ってもらうことによって，その対価として売上をあげ，利益（利潤）を得る。つまり，第1章でも述べたように，これらのインプットされた資源をいかに組織化，システム化して管理して，生産性をあげ，効率をあげるかが経営（マネジメント）の課題なのである。

　企業は，ⓐ個人が自己の財産を用いてみずから経営にあたる個人企業と，ⓑ複数の人びとが共同出資して設立された法人企業とに大別されるが，いずれも利益を追求することを主たる目的としている。

　利益とは，一定の会計期間における製品の**売上高**から，その期間に発生したさまざまな**コスト（費用）**を差し引いた額である。企業は，そのメンバーを養えるだけの利益を上げるだけでなく，継続して活動を行い，発展していくために，獲得した利益を蓄積して，将来のために投資する。

　企業は，顧客の支持を得て（**顧客満足**），他社との競争において，有利な立場（**競争優位**）を築かなければならない。そのためには，自社の能力（強み）を磨くことが大切である。したがって，製品開発や機械などの設備を充実させるために投資を行ったり（**先行投資**），将来に備えて貯蓄を行ったりする。そして，生産設備の拡大に振り向け，企業規模を拡大していく。

　そこで，消費者のニーズに応えられる生産体制，十分に利益を生み出すことのできる財務体質，他社との競争に勝つことができるような魅力ある製品を生み出すための技術開発，新しいものを生み出す創造的な組

織が重要となる。

企業家と出資者にとっての企業

　企業家は以上のように，企業活動を通してみずからの**ミッション**（**使命**）を追求しようとしている。その使命を果たす際に，企業家や企業のトップ・マネジメント（経営者）が企業活動に必要な資金を提供するケースも多いが，大量生産・大量販売を行うためには，企業の規模は大きくなり，より多くの資本を必要とする。そこで，大企業は広く社会に出資者を募ることになる。

　大企業の場合は**株式会社**というシステムを使い，一般の人に**株式**を売却することによって，企業に出資してもらうことになる。私たちは，こうして株式を購入し，株主として企業とかかわることもある。

　株主は，出資している資金に対する利息のようなものである配当金を，会計年度末と半期に得るほか，その株式を売買することによって売買益を得ることができる。株式の売った株価の方が，買ったときの株価よりも高く，もうかった場合に得られる利益を，**キャピタル・ゲイン**といい，その逆の損は**キャピタル・ロス**という。

　このように，大企業では，企業を所有する者（企業に資金を提供している人）と，経営をする人とは必ずしも同じではなく（**所有と経営の分離**），経営者は株主から会社の経営を依頼され，その意思を反映した経営を行う。

　企業は，株主に対して，預かった資金を効率的に使ってより多くの利益を生むように，また健全な経営を行う責任を負うこととなる。したがって，経営者はより多くの配当を出し，株価を上げることを目指すのである。

企業間の競争

　自社の製品やサービスを売るにあたって，多くの場合，同じような製品やサービスをとり扱っている他の企業との競争をしなくてはならない。このような他社との競争において勝ち残るために，企業は，より高品質のものをより安価に提供するためのさまざまな努力を行う。企業は，価格引き下げのために，製造工程や流通過程や経営上の改善や無駄を省くことによる生産性の向上を目指し，コストの引き下げに努め，その結果，**技術開発**や**経営改善**が進み，経済の発展がみられる。

　消費者に自社の製品・サービスを選んでもらうためには，価格のほかにも，機能やデザイン，アフターサービスなどにおける，他社のものとの差が重要になってくる。「○○社の△△」というように"指名買い"してもらえるような個性，つまりブランドも大切になるであろう。

　したがって，市場での競争に勝つために行われる，このような経営努力は，より安価で良質な製品・サービスの提供につながり，その結果，私たち消費者もその恩恵にあずかっている。つまり，企業は，利益を追求するが，それによって結果的には，消費者にとってはより良質のものがより安価で手に入るようになり，便益がもたらされる。

　起業家精神（アントレプレナーシップ）の発揮と企業の発展によって，経済は発展する。第2次世界大戦後の日本の急速な経済発展も，起業家たちの努力によるものである。さらに，第2次世界大戦前の**経営理念**には，「産業報国」というスローガンに代表されるように，みずからの事業を発展させて国家の発展に貢献することを重視したものも少なくなかった。また，昔から近年の経営理念のなかにも，自分たちの本業を通じて社会へ貢献することを目指す，とするものが多い。懸命にビジネスに努めることが，結果として社会に貢献するのだ，というのである。

製品やサービスの提供とイノベーション

　企業は利益を追求しなくてはならないが、それは企業を維持し、将来の活動を保証するために必要なものである。今日、企業の目的は「顧客の創造である」とも考えられる。多様な顧客のニーズに応えていくことが、企業にとっての生命線であり、そのために企業は絶えず**マーケティング**や**イノベーション**を行っていく必要がある。

　企業は基礎技術や応用技術において**研究開発（R&D）**を行い、製品・サービスを生み出している。組織のなかで、異質性と異質性がぶつかりあい、切磋琢磨されながら新しいものを生み出していく。また、技術には、製造工程や流通などの過程における技術という側面もある。

　イノベーションには、改善を積み重ねていき、段階的に発展していく**インクリメンタル・イノベーション**と、まったく新しい技術や方法を生み出す**ラジカル・イノベーション**がある。新製品開発に関わる技術でも、経営過程における技術でも、企業の競争力を強化するためには、つねにイノベーションを起こしていかなければならない。

ライフスタイルの創造と変革～企業からの情報発信と生活提案

　消費者のニーズに応じて商品が開発されたり、ビジネス化されたりするが、逆に商品が世に出てから、その新たな使い道が生まれたり、ライフスタイルや社会的価値観に影響を与えることもある。携帯電話、ゲーム機、携帯音楽端末は、世にとってまったく新しいジャンルの製品であったが、今日では私たちの生活のなかで、欠かせないといってもよい重要なものとなっている。

　今日、コンビニエンス・ストアやファミリーレストランなどのように24時間営業したり、都心の大型CDショップのように深夜まで営業する店が増えてきた。需要が供給をリードすることが多いが、このようなサー

ビスがあって，需要が増えているという側面もある。コンビニがあることが私たちにとって当たり前になっていて，ないところへいくと不便に思ってしまうほどである。

だが，企業は顧客のニーズに応えたり，ニーズを喚起することによって，私たちの生活をサポートしてくれている。だが，私たちはこのような便利さや手軽さに慣れてしまって，自分で何もしなくなるなど，生活に対する**主体性**を忘れてしまいかねない。さらに，手軽にすぐに手に入らないものに対して腹立たしく感じたり，早くて楽なものを志向したりするようになるなど，考え方や思考様式にまでも影響を受けている。その結果，伝統的な**生活様式**（ライフスタイル）や**文化**が失われてしまうのではないか，と懸念される。

2 社会に対する役割

雇用機会の創出

企業はその目的を追求するために戦略や計画を立てるが，それを実践するためのヒトが必要となる。つまり，必要な労働サービスを提供してくれる人材を**労働市場**から採用しなくてはならない。

一方，私たちは生きるため，日々の糧を得るために働かなければならない。生産手段をもたない人びとは，労働力を企業に提供し，その対価として賃金を得る。働き方はさまざまで，営業，研究開発，人事管理，生産などの現場で働くこともあれば，経営者として労働力を提供することもある。

このように，私たちは生活者，とくに消費者としてだけではなく，生産者として企業とかかわることが多い。そして，提供した労働サービスの対価として得られた**報酬**のうち，経済的なもの（賃金，ボーナス）な

どを使って，企業の作り出す製品やサービスを買うことができる。

以上のように，企業は**雇用を創造する**（働く機会を提供する）役割をもっているが，女性や，障害者，マイノリティーなどを差別や特別扱いをせずに雇用すること（「**雇用機会の均等**」）は，企業の社会的責任であり，重要な課題である。

日本企業の雇用慣行と社会

日本企業の雇用慣行といわれるものの特徴には，日本の大企業の多くには，新卒で入社してから定年まで継続して雇用される「**終身雇用**」や，勤続年数に応じて賃金が上昇する「**年功序列賃金**」という制度がある。今日，経営環境が変化しており，それに応じてそれらも変化してきているが，とくに，前者の終身雇用，少なくとも長期にわたって雇用することを保証する制度は，世界の優良企業の多くにもみることができる。

このような雇用慣行のもとでは，長期雇用が保証され，安定した収入が期待されることから，自宅やマンションの購入のための住宅ローンや，子どもの学資の用意などといった将来が予測しやすく人生設計がたてやすかった。

だが，雇用も安定しており，経済や社会も安定し，発展してきた。労働市場の流動性も低く，会社を辞めて他社へと転職することがむずかしい，という意味で，安定はしているものの，個人の自由にも制限がある社会でもあった。そのため個人は，転勤や**単身赴任**，長時間労働などといった企業側の要求に対して，意に反していたとしても，応じざるをえない状況にあった。

このように社会において，企業は重要なパートを担い，その影響力は大きい。かつて，"個人の論理"よりも"企業の論理"が優先されたり，企業の効率，能率や利益がなによりも優先され，働く側の立場が犠牲にされてきていることから，批判的に「**企業社会**」だとか，「企業中心社

会」という言葉が使われていた。

　1990年代から不況が続いているが，企業の財政状態が逼迫し，**リストラクチャリング（リストラ，事業の再構築）** や人員削減を行った結果，多くの人びとが失業し，生活に苦しんでいる。終身雇用が崩れ，これまでの従業員は，企業との間の"**心理的契約**"が裏切られたような感じを覚えている。このように，従業員と企業との関係も変容してきており，社会も自由度が高くなったぶん，自己責任が求められるようなものに変わりつつある。

生きがいの提供

　人はなぜ働くのだろうか。また，人は仕事や職場になにを求めているのだろうか。

　企業は，そこで働いている人にとって，単に生活のための糧を得る手段としての労働の場，であるだけではない。最低9時から5時まで働いているとして，1日のうちの8時間，残業や通勤時間を入れるとより多くの時間を，企業で働くこととなる。

　また，一生を80年だとすると，そのうちの約40年以上，つまり2分の1を企業で働くこととなる。

　こうなると，企業は"**生活の場**"であるといっても過言ではない。さらに，社宅に住んでいる人は，プライベートの時間も，企業とかかわりをもっている。そこで，職場の人間関係やカルチャーや雰囲気といったものも重要となる。かつての日本企業には，**経営家族主義**というように，経営者や会社が従業員をあたかも家族のように考え，その人の家族や生活に至るさまざまな面までをもバックアップする会社もあった。

　したがって，一度入社し，長期にわたって働くこととなると，企業は"運命共同体"のようなものであった。人生での多くの部分を占めるため，会社への忠誠心や愛着や連帯感をもつようになり，個人は多少の犠

牲をいとわず働き，それが企業を発展させていった。

だが，1990年代以降，日本的雇用慣行といわれる，終身雇用や年功序列といった制度が崩れてきている。そのため，個人と会社との関係も変わってきた。

個人は企業から，賃金やボーナスのような経済的な報酬だけではなく，**地位，名声や，所属感，有用感**（自分が有能である，組織に必要とされていると感じること）などを得ることを期待している。さらに，仕事を通して自分の能力を発揮したり，自分を成長させたい，社会に必要とされる，もしくは貢献できるようになりたいと思っている。

したがって，企業はそのことを理解したうえで，働きやすい労働環境をつくり，その人のもっている能力や個性を発揮できるようにし，"活躍の場"を提供することは，労働者にとっても経営者にとっても重要となる。仕事やプロジェクトを任せたり，自分のアイディアや提案が採用されたり，自分の能力が生かせる仕事を与えられることなどで，"自分が大事にされている"，"自分の個性が尊重されている"，と感じれば，がんばれるようになる。経済的な報酬だけでなく，職場の人間関係などの環境や労働環境を改善し，個人の自己実現の欲求に応えようとすることは，個人の心の豊かさにつながり，結果として組織全体の生産性の向上につながるのである。

地域社会の発展と企業

企業は雇用を創出し，個人の生活を安定させるとともに，社会を安定させる。個人は所得税を，企業は法人税を納める。地方自治体では，企業からの税収を福祉・教育・治安などに使うことによって，社会が豊かになる。そのため，地方自治体は，企業や工場の誘致をさかんに行っている。

企業は，その地域で単に経済活動を行っているだけではなく，そこの

コミュニティの人びとを雇用し，その地域のインフラを利用し，地域社会に密接に結びついている。したがって，そこでビジネスを行うためには，その地域の人びとから信用や支持を受けるとともに，その地域社会の発展と繁栄に貢献することが期待されている。「**企業市民**」(corporate citizenship) つまり，近代社会における市民のようにふるまうことが，企業に求められている。

　公害で地域住民に迷惑をかけないようにするだけでなく，環境問題にかかわるデータなどの情報を開示するほか，工場や事務所で見学を受け付けたり，コンサートや展覧会を開いたり，お祭りなどの地域のイベントに参加したりしている。

　また，企業は，人件費などのコスト削減や現地での売上の拡大を目的に海外に進出する。国家のレベルでも，技術移転，原材料を現地調達することで現地の産業の活性化，現地の人びとの雇用など，さまざまな経済効果を狙って，**多国籍企業**を誘致している。企業は，進出先の国でもさまざまな経済効果を与えることが期待されるが，この場合も，進出先の国や地域の文化や宗教などを尊重しながら，倫理的にふるまい，地域の発展に貢献することが期待されている。

3 企業活動のマイナスの側面

企業中心型の社会とその弊害

　第2次世界大戦後，日本は急激な経済成長をとげ，世界第2位の「**経済大国**」といわれるほどになった。企業は技術革新により，より安価で良質な製品やサービスを提供するようになり，競争力をつけることで業績を伸ばしてきた。さらに，そこで働く人びとの所得は増え，その生活水準も向上し，物質的な豊かさを享受できるようになった。

その日本企業の発展の基礎には，終身雇用制，年功序列賃金，企業別労働組合からなる日本的雇用慣行があった。これらは従業員の家族的，全人格的な企業への帰属意識や忠誠心を高め，やる気を高めたので，企業はこれらを使って彼／彼女らの貢献を多く引き出すことができたのである。

　一方で，企業とあたかも**「運命共同体」**のように一体化した，社員の側にとっては，自分の家族や個人生活といった"個人の論理"よりも，仕事や"企業の論理"の方を好むとも好まざるとも，優先せざるを得ない状況にあった。

　長時間労働，急な転勤や，日本企業独特ともいわれる**「単身赴任」**に耐えなければならなかった。さらに，長い労働時間と過度のストレスが原因となって引き起こされる過労死は"karoushi"という英語になるほど，大きな社会問題となった。

　個人はその生活の多くの部分を企業に依存し，企業の経済的発展にプライオリティー（優先順位）がおかれ，その裏で多くのことが犠牲になっても大々的に批判されることも少なく，多少目をつむっているような企業中心社会であった。

　バブル経済や**平成景気**といわれる時代であっても，このように，日本の経済力と国民の生活実感との間に格差があり，ゆとりや精神的な豊かさが求められていた。

　バブル経済の崩壊以降つづく平成不況のなか，多くの企業は生き残りをかけ，リストラクチャリングの一環として大規模な人員整理や雇用調整を行なっている。その結果，中高齢者の希望退職の募集や解雇を行うなど，事実上，終身雇用制が崩れてきており，個人と企業との関係も変容してきている。企業に期待したり，依存したりするのではなく，企業との間に距離をおき，自由度が高くなった半面，個人に厳しい自己責任が求められるようになっている。

環境問題と企業不祥事

　企業が利益を高めるために，過度に効率性や能率を追求すると，働くための条件や，地域住民の生活環境などを悪化させるなど，利害関係者に迷惑をかけることとなる。

　企業の利益追求という目的のためなら，その追求のための手段について考慮が足りなかったことも指摘できる。会社のためによかれと思って，**非倫理的行為**や，企業犯罪を犯してしまう者さえもいた。

　また，過度の忠誠心から，会社を生活の中心や生きるための目標としてしまい，会社以外のもの，すなわち家族や個人生活や社会などを省みないような，いわゆる「**会社人間**」の存在も社会的に問題となっている。違法行為や非倫理的行為を行なわないだけが，企業の責任ではないだろう。善意を達成することも重要であろう。

　環境にやさしい製品をつくっていても，小売店の店先に並べてもらえなかったり，消費者に受けれ入れてもらわなければ，意味がない。したがって，ビジネスの方法に倫理性を織り込むことが求められよう。

個人の主体性の喪失と企業の社会貢献への取り組み

　企業中心型社会の弊害とも関連するが，企業の存在が社会において大きくなったことで，個人の主体性が失われている。**就職活動（就活）**をする学生に対して，「就社」活動なのではないかと昔から批判されてきた。そして，現在でも依然として，自分の力で起業したり，自分の能力で企業を渡り歩こう，という主体的な生き方よりも，既存の大企業に「**就社**」して，落ち着こう，という志向の人間も多い。

　企業はその生存・存続のために利益を追求していかなければならない。そのためにイノベーションを行い，すぐれた製品やサービスでもって顧客満足を得ようとしている。このような努力の結果，企業は本業を通し

て社会に貢献している，といえよう。

だが，過度の利益の追求による**マイナス効果（逆機能）**をも考慮し，適正な利益を追求することが求められる。

さらに，企業はその本業の枠を越えて，スポーツ大会，コンサート，美術展などのスポンサーになって文化活動を支援する**メセナ**や，教育，研究，福祉，環境保全などのために寄付や奉仕活動を行う，**フィランソロピー（社会貢献）**などをも行なっている。後者はとくに行政サービスのいき届かないところをカバーすることを目的として行われるものである。

このように企業は多様な役割をもち，私たちの生活や社会に大きな影響力をもっているのだ。

《参考文献》

片岡信之・齊藤毅憲・高橋由明・渡辺峻『はじめて学ぶ人のための経営学』文眞堂，2000年

亀川雅人・鈴木修一『入門経営学』新世社，1999年（初版1997年）

小松章『企業形態論 第2版』新世社，2001年

齊藤毅憲編『New Version 経営学を楽しく学ぶ』中央経済社，2002年

三戸浩・池内秀己・勝部伸夫『企業論』有斐閣，1999年

《いっそう学習（や研究）をすすめるために》

梅澤正『企業と社会―社会学からのアプローチ―』ミネルヴァ書房，2001年

　企業の社会における存在感とその影響や，企業と私たちや社会との関係について，豊富な文献と詳細なデータをもとに，わかりやすく整理されて書かれている。

齊藤毅憲・野村千佳子・合谷美江・藤﨑晴彦・宇田理『個を尊重するマネジメント』中央経済社，2002年

　従業員としての企業とのかかわり方に関連して，組織のなかで個人の能

力や個性を生かすことの意義や，生かすための方法や，具体的な施策について，組織論，人的資源管理，管理会計，経営史などの経営学の専門分野から検討している。

《レビュー・アンド・トライ・クエスチョンズ》
① 企業間の競争によって製品やサービスの質が変化しているかどうか，具体的な業界を例にあげて考えてみて下さい。
② ある製品やサービスの登場で，私たちのライフスタイルやファッションが変化した具体的な事例を考えてみて下さい。
③ あなたは将来働くところ，もしくは現在働いているところで，企業や職場や仕事に対して，何を期待していますか。
④ 具体的な企業の社会貢献の事例をあげて下さい。

第3章

企業の構造

本章のねらい

　企業が成長し，存続していくためには，効率のよい構造とそれに合った適切な経営（マネジメント）が求められる。本章では，企業内部，分業と調整，企業における支配構造はどのようなものかを考えてみたい。本章を学習すると，以下のことが理解できるようになる。

① 企業規模の拡大化にともなう所有と経営と労働の分離
② 企業内部の分業と調整の体系
③ 企業支配構造の内容とその変化
④ 企業構造の方向性と課題

1 所有と経営と労働の分離

「企業の構造」の意味

　企業は、複数の人びとが集まって協働し，それを通じて製品やサービスを開発・生産し，市場に供給している。企業はその活動を続けていけるという，いわゆる「ゴーイング・コンサーン」（継続企業）を前提にしているが，ひとつの生命体である以上，生物と同じように，生まれ，成長し，成熟し，やがて，衰退するという成長のステージを踏む。他方で，企業には，「所有」，「経営」，「労働」などといった基本的要素が存在する。そして，これらの要素は，企業が成長し，規模が大きくなるにつれて，その関係は変化する。

　ここで考える企業の構造とは，分業と調整の体系であり，また，企業の支配構造である。企業は，複数の人びとが協働し，共通目的をもち，その目的を効率的に達成するために分業している。企業でどのように分業し，それをいかにして調整するかの枠組みが企業の構造である。

　また，企業が大規模になればなるほど，この企業の構造は複雑になり，そこにかかわる**ステークホルダー**（利害関係者）の範囲も広がり，その利害を調整し，バランスよく経営することが困難になる。そこで，いかに企業を統治するかも重要な課題となる。この章では，企業における，分業と調整，さらに統治（ガバナンス）の仕組みについて考えてみよう。

スモール・ビジネスの構造

　まず，企業の基本的な構造を所有，経営，労働の要素から，企業規模のステージ別に検討してみよう。

　現在，大企業である企業も，最初は**スモール・ビジネス**，つまり小規

図表３－１　企業構造における労働の分離

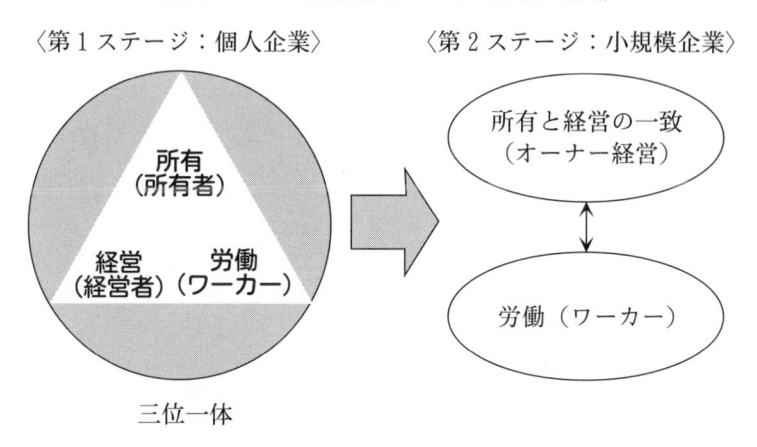

〈第１ステージ：個人企業〉　　〈第２ステージ：小規模企業〉

所有（所有者）
経営（経営者）　労働（ワーカー）
三位一体

所有と経営の一致（オーナー経営）
労働（ワーカー）

模企業からスタートするのが，ふつうである。まず企業は，ひとりの企業，つまり**個人企業**から出発することが多い。個人が自己の資産を投じて，起業するところから始まる。

　たとえば，自動車の部品をつくる個人企業を始めたと考えよう（経営者）。自分で出資し（所有者またはオーナー），自分で部品をつくって（労働者）自動車メーカーに卸している小さな工場である。この個人はオーナーであるとともに経営者であり，所有と経営は完全に一致している。さらに労働を行っている。これが，第１のステージである。

　自営業などの個人企業であり，図表３－１に示すように所有，経営，労働は三位一体である。企業は，ヒト，モノ，カネ，情報などの経営資源の集合体であり，複数の人間が共通目的のために**協働**している。この個人企業では，複数の人は協働しておらず，企業とはいいがたい。しかし，この個人事業が規模を拡大しようとすると，ひとりで行うには限界がでてくる。そこで，ヒトを雇用する，または共同で事業を行うことになる。

　第２のステージは，複数の人間が協働する**小規模企業**である。協働の基本は，分業である。この段階では，少しずつ企業が大きくなり，個人

では仕事が行えなくなるため，家族に仕事を任せたり，パートタイマーやアルバイトなどを雇うことになる。まだこのときは，経営者も同じく労働をしているかもしれない。しかし，仕事を委任し，経営に専念することで，経営と労働が少しずつ分離する。しかし，労働は分離していくものの，この状態では，所有と経営はまだ結合したままである（図表3－1）。

たとえば，自動車の部品をつくる企業で，パートタイマーやアルバイトに生産してもらい，家族に経理を任せる。経営者である自分は，銀行と交渉し，**資金繰り**の調整を行い，仕事をとってくるという営業活動などを行う。さらに，パートタイマーやアルバイトと一緒に部品をつくったりする。また，友人数名で起業し，ひとりは主に生産，もうひとりは営業，さらに別の人が経理を行うなど，分業化し，うまく役割分担しているケースも，このステージにあたる。

では，小規模企業，いわゆるスモール・ビジネスは，いずれ大企業になるのであろうか。スモール・ビジネスと大企業では，企業の構造が違う。

中小企業基本法第2条第1項によると，製造業およびその他の産業では常用の従業員20人以下，商業・サービス業では従業員5人以下は「小規模企業」と定義され，常用の従業員300人以下（卸売業・サービス業は100人以下，小売業・飲食店は50人以下），または資本金3億円以下（卸売業は1億円以下，小売業，飲食店，サービス業は5千万以下）は「中小企業」と定義されている。中小企業庁発表の2006年「中小企業・小規模企業数」によると，産業別・企業別事業所・企業数のうち，87.0％が小規模企業であり，99.7％が中小企業である。つまり，日本企業の大部分は，この個人事業や数人から数10人で構成されたスモール・ビジネスなのである。

これらのスモール・ビジネスが，すべて規模を拡大し，将来大企業となることを目指しているとはいえないだろう。拡大をではなく，そのま

まの規模で存続させようとする，あるいはそうせざるをえない企業もきわめて多い。その場合，ほとんどは所有と経営は一致したままである。

しかし，ある企業は，規模を拡大し，中規模企業，さらには大企業を目指すことになる。そうした企業では，規模を拡大するにつれ，その構造も経営を効率かつ能率よく行えるものに変えていかなければならない。

規模拡大化における企業構造の変化

規模がさらに拡大した第3のステージは，中規模企業である。従業員が多くなると，経営者だけでは，従業員を監督することができなくなる。そこで，**監督**という仕事を代行するマネジャー（管理者）の雇用をするのである。これによって，経営の内部でも分離が発生してくる（図表3－2）。

ここには，「**統制の範囲**」（span of control）という考え方がある。すなわち，ひとりの人間がマネジメントできる人数というのは限られているのである。この統制の範囲は，人間の能力の限界から経験的に5人ないし6人，多くて10人であるといわれてきた。そして，分業がすすむにつれて，分業した仕事の調整もマネジャーが担うことになる。

具体的にマネジャーは，どの人間に指示を出すのか（**命令**），誰にどのような役割を任せるのか（**責任の委任**），指揮命令系統をどうするのか，などを決めておかなければならない。ここでは情報伝達の経路の設定，役割の規則やマニュアルによる公式化の必要がでてくる。

自動車の部品工場が，だんだんと大きくなり，従業員が多くなるにつれ，工場には監督者を置いて，生産の管理をまかせることになる。この頃には，経営者は，労働者と一緒に部品をつくることは少なくなり，経営者として，社長の仕事に専念する。こうして，労働と経営という仕事は内部分裂していく。

第4のステージは，企業がさらに規模をおおきくした状態である。こ

図表3－2　企業構造における所有の分離

〈第3ステージ：中規模企業〉　〈第4ステージ：規模拡大〉　〈第5ステージ：大企業〉

第3ステージ：中規模企業	第4ステージ：規模拡大	第5ステージ：大企業
所有と経営の一致（オーナー経営）	所有者としての株主	所有者としての株主
経営内部の分離　マネジャー	オーナー経営から株式分散へ	専門経営者
労働（ワーカー）	マネジャー	マネジャー
	労働（ワーカー）	労働（ワーカー）

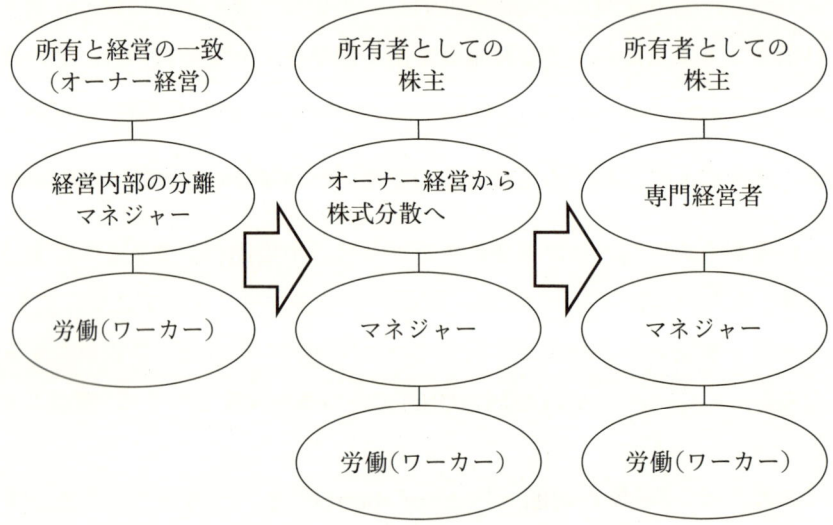

の典型は証券市場で株式を発行し，その株式を売却することを通じて，多くの株主から出資してもらう**株式会社**である。資本を株主から集め，資本金を拡大していく。このように広く株主が発生することで，所有者が分散してくる（図表3－2）。

　自動車の部品をつくる企業では，広く株主から資本を集めることで，新たな投資，たとえば新たな工場の設立が可能になる。新たな工場を建設することで，より生産力が高まり，規模が拡大する。このように，企業が成長し，利益が増加すれば，株主に配当することもできる。株主の投資価値が高まれば，より広く資本を集めることができ，企業規模はさらに拡大していく。

　最後の第5のステージは，大規模株式会社の状態である。ここでは，所有者と経営者は，大部分ちがった存在となり，「**所有と経営の分離**」した状態となる。経営者は少数から取締役会など比較的多数のグループ

になる。これらの経営者はその企業に，とくに出資をしている株主ではなく，経営学の知識や経験のある「**専門経営者**」であることが多い（図表3－2）。日本では，企業に長年勤め，階層のある組織を下から昇進してきた「**生え抜き型の経営者**」が主である。

このように企業が成長し，大規模化するに従い，所有と経営と労働は分離し，その関係は複雑化するのである。

2　企業内部の分業と調整

分業と職能分化

企業の規模が拡大するにつれて，担当を決めて仕事をすると，仕事が単純化され，熟練が形づくられ，仕事の効率がよくなる。そこで，企業では**分業の構造**がつくられ，それぞれの仕事の「**専門化**」が図られることになる。この仕事の分業を「**職能分化**」という。これは組織的にみると，ヨコの仕事の分化であり，水平的分化ともいう。この職能分化を進めるためには，それぞれの職務の分担を明確に決める必要がでてくる。

この職能分化のなかで，生産，販売，開発といった基本的な仕事を基本的な職能（または機能）と呼ぶ。そして，企業には，さらに会計や経理，人事といった補助的な仕事が必要となる。これを補助的あるいは間接的職能（または機能）という（図表3－3）。

この職能分化は，企業規模が拡大し，分化がすすむにつれ，それぞれの役割で大きなグループにまとめられ，組織内に部，課や係といった組織が編成されるようになる。これを「**部門化**」という。このようにして，企業の分業構造がつくられていく。

図表3-3　職能分化と職能別組織

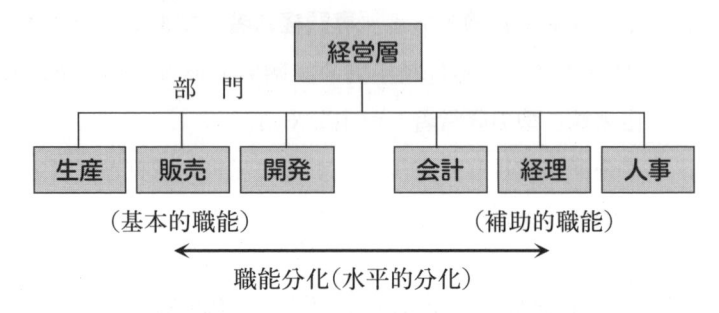

```
                          経営層
        部　門    ┌────────┼────────┐
        ┌────┬────┼────┐   ┌────┼────┐
       生産  販売  開発      会計  経理  人事
       （基本的職能）        （補助的職能）
        ←──────────────────────────→
              職能分化（水平的分化）
```

マネジャーと階層分化

　職能分化に対して，組織的にみると，タテに階層ができていくことを「**階層分化**」という。これは，タテの仕事の分化なので，垂直的分化ともいう。企業がおおきくなるにつれ，統制の範囲による管理の限界からマネジャーが配置され，タテに階層ができる。これによって，経営内部の階層分化はさらにすすむ。このマネジャーの階層は，規模の大きな組織では，トップ・マネジメント，ミドル・マネジメント，ロワー・マネジメント，の大きく3つに分けることができ，その役割は階層によりちがってくる（図表3-4）。

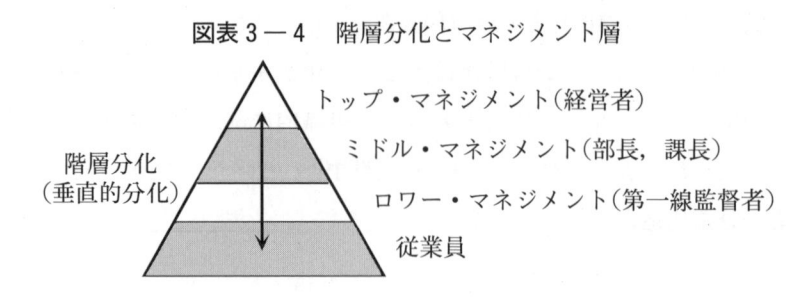

図表3-4　階層分化とマネジメント層

```
                    △
                   ╱│╲    トップ・マネジメント（経営者）
                  ╱─┼─╲   ミドル・マネジメント（部長，課長）
    階層分化     ╱  │  ╲  ロワー・マネジメント（第一線監督者）
   （垂直的分化） ╱───▼───╲ 従業員
               ╱_____╲
```

経営層である**トップ・マネジメント**の役割は，企業のビジョンや価値観を創造し，企業全体に共有化させ，組織活動に体現化させることにある。すなわち，意思決定の主体者であり，企業全体の方向性を示し，それにしたがって，計画を立案し，構造を改革し，業績評価システムなどを導入する役割を担う。これらのトップ・マネジメントのなかでも，担当を決めて，ヨコの職能分化がすすむとともに，社長，副社長，専務というようにタテの階層がつくりだされる。トップ・マネジメントとは，どの役職を指すかは必ずしも明確なものではないが，一般的に，社長，副社長，専務，常務などの取締役メンバーを指すことが多い。

　トップ・マネジメントの次の階層は，**ミドル・マネジメント**である。企業のなかで部長，課長といった役職である。このミドル・マネジメントは，トップ・マネジメントのビジョンにもとづき，部門の課題を細分化し，目標達成に必要な課題を創造し，具体化する。この課題にもとづき必要な経営資源を他部署と調整し，部門の協働システムを活性化することになる。さらにミドル・マネジメントは，トップとロワーを結びつける役割を担う。

　ミドル・マネジメントの下の階層に**ロワー・マネジメント**がある。このロワー・マネジメントは，係長や主任などの第一線監督者などである。かれらは直接現場の作業や指揮監督にあたるだけでなく，現場の情報を吸い上げ，現場が持っている情報を上の階層に伝達する役割も担っている。

企業内の調整体系

　ここまでふれたように，企業の構造は，企業規模が拡大するにつれて，タテとヨコにそれぞれ分化していく。複数の人びとが協働する企業では，タテとヨコに分化するにしたがい，同時に**調整の体系**が必要となる。この調整の体系とは，役割間の権限関係，情報伝達の経路，仕事の役割の

規則やマニュアルによる公式化といったものからなっている。

1つ目の**役割間の権限関係**とは，組織のなかでの**指揮命令関係**であり，さまざまな意思決定とその調整の仕方である。企業は，目的を達成するために，環境に適応しつつ，製品やサービスの開発・生産を行う。そこではさまざまな意思決定が必要となる。企業が分化し，階層化するなかで，マネジメント層を中心に企業で働く人びとがそれぞれさまざまなかたちの意思決定を行うことになる。この意思決定には，集権と分権という方法がある。

集権（化）とは，**意思決定の権限**をできるだけ組織階層の上位層に集中させることである。権限が上位層に集中することで，集権的組織は，意思決定の調整を行いやすいというメリットがある。しかし，現場の情報が入りにくく，意思決定の質は低下する。そして，下位層の人々は意思決定に参画できず，モチベーションが低下しがちである。

このようなデメリットを克服するために，下位層に権限を委任し，意思決定に参画させる必要性がでてくる。これは，責任や権限の委任であり，**分権**（化）である。すなわち，分権とは，意思決定の権限をできるだけいわゆる現場，組織の下位層に委任し，分散させることである。この分権的な組織は，人びとの参画意識を高めることができるというメリットがある。しかし，反面，意思決定が分散されているため，その調整がむずかしい。

このように，意思決定の集権と分権は，メリットもデメリットもあり，その企業において適切な度合いが違ってくる。どの程度現場に意思決定の裁量を与え，分権化するのか，どのような意思決定を集権化するのか，という調整の体系が必要になる。

2つ目には，それぞれの役割における**情報伝達の経路**である。基本は権限関係にもとづいたタテの経路での情報伝達である。上位層から下位層への指揮命令や下位層から上位層への現場の情報の吸い上げ，という

伝達がある。このタテの経路での情報伝達は，ひとりの部下は，ひとりの上司から指揮命令を受けるべきであるという「**命令の一元化**」という原則に基づいている。しかし，このタテの経路での情報伝達には，他のグループとの情報交換が困難であるというデメリットがある。これにより部門間でコンフリクト（対立）が引き起される。

そこで，企業は，このタテの伝達経路のデメリットを補うために，ヨコの伝達経路を設ける，などの工夫をしている。グループを横断するような伝達経路を設定したり，委員会や会議，プロジェクトを立ち上げたりする。このヨコの情報経路にも，調整の体系が必要となる。

最後の調整の体系は，仕事の役割の**規則**やマニュアルによる**公式化**である。

社会学者の**ウェーバー**（Weber, M.）は，官僚制組織こそが，各人の主観的利害が入いらないもっとも効率的，合理的な組織であると考えた。この**官僚制組織**とは，①規則，②権限・責任，③階層，④文書（マニュアル化），⑤専門化・訓練，⑥専従化（当該職務への専念）といった特徴をもっている。現代では官僚制組織のマイナス面ともいうべき**逆機能**が問題視され，規則やマニュアルなどにより公式化することはむしろ柔軟さを阻害すると考えられている。そこで，どこまで公式化するのかといった調整の体系が必要となる。

このように，それぞれの企業で，それぞれに合った適切な権限関係，情報伝達，公式化が必要となる。もちろん協働の場である企業には，**伊丹敬之**（2007）が指摘するように，カネや情報だけでなく，感情も流れており，感情の相互作用が起きることも多い。感情の流れへの配慮も必要なのである。

3 大規模株式会社の支配構造

専門経営者の台頭

　前述したように企業規模が大きくなるにつれて，分業と調整が必要となり，それに応じた組織形態が必要となる。企業における事業部制やマトリックス組織など，組織のさまざまな諸形態については，第7章の経営組織を参照されたい。

　ここでは，企業の支配構造，つまり**統治（ガバナンス）**の仕組みについてみていこう。企業には，さまざまな利害関係者集団（ステークホルダー）が存在する。たとえば株主，債権者（銀行），従業員，顧客，供給業者（取引先），地域社会，国，国際社会などである。企業が大規模化すればするほど，これらのステークホルダーの範囲も広がり，彼らが企業にどのようにかかわり，利害調整をはかっているのかが問題となってくる。

　小さな企業であれば，所有と経営と労働がほぼ一致していて，オーナーである経営者は「企業は自分のもの」と感じ，多大な支配力をもっているであろう。しかしながら，企業規模が大きくなるにつれて，この3要素は分離するため，とくに，株主，経営者，従業員の誰が支配力をもつのか，誰を重視して経営するかという課題が出てくるのである。

　すでに述べたように，企業における所有者ではなく，経営を専門に担当するトップ・マネジメントは，**「専門経営者」**（プロフェショナル・マネジャー）といわれる。この専門経営者は，サラリーマン経営者，雇われ経営者ともいわれる。この経営のノウハウを身につけた専門経営者は，所有者である株主に代わり，重要な意思決定を行い，実行していくため，企業の将来を左右し，強力な権限をもっている。

アメリカ企業の所有と経営

　アメリカでは，1930年代にバーリー（Berle, A. A.）とミーンズ（Means, G. C.）がアメリカにおける200社の大企業を対象に，所有と経営の分離に関する実証研究を行っている。ふたりは，企業の発行済株式数に占める最大株主の持ち株割合を基準にして，所有と経営の分離の進行段階を以下のように5つに分類している。

　1つ目は，完全な所有権による**独占的支配**の状態である。これは，最大株主が，会社の株式の80％以上を所有している状態である。個人会社や数人の仲間からなる小集団の場合であり，所有と経営はほぼ一致ないし，結合している。

　2つ目は，**過半数株支配**の状態である。これは，最大株主が会社の株式の50％超を所有している状態である。この最大株主が会社の経営を支配できる。

　3つ目は，**法律的手段による支配**の状態である。これは，当該企業の所有権をもたないで，少数の投資により企業の支配を維持する方法から発展したものである。過半数株式を所有する企業の株式を過半数所有し，他社の支配を行う行為を繰り返し，傘下にいれる"ピラミッド型"の方法で支配する。そのほかに特殊な議決権株主，議決権信託の組織化による支配がある。

　4つ目は，**少数持株支配**の状態である。最大株主が会社の株式の20〜30％の少数支配の株主しか所有していない状態である。ただし，ほかにはそれ以上の大株主がいないので，この少数株主が事実上の支配権をもっている。

　最後は，「**経営者支配**」の状態である。最大株主でも，持ち株比率が20％を割るような状態である。その所有権があまりにも広く分散しているので，最大株主でもその株主所有による経営の支配はできず，専門経

営者が「所有なき支配」を行う。

　この調査で，約44％の企業が経営者支配の状態にあることがわかった。すなわち，アメリカでは1930年代にすでに，株式会社においては，その法律的所有権は株主にあるにもかかわらず，実質的には経営者による支配が進んでいたことになる。

　また，**バーナム**（Burnham, J.）は，バーリーとミーンズの研究成果を基礎とし，現代では，所有権をもたない経営者が企業を支配し，さらには社会全体を支配するような「**経営者社会**」に移行しつつあることを主張した。そして，株式分散からだけでは経営者支配は生まれないという「**経営者革命論**」を提唱した。

　彼によると，企業の成長は企業規模の拡大という量的な変化だけではなく，経営環境の複雑化に対応する質的な変化をともなうという。そこで，経営者は専門的知識や技術的な能力をもっている必要があり，そのために専門経営者が登場する。こうして専門経営者が大きな権限をもち，企業だけでなく社会全体をも支配するという。そして，大企業における経営者支配の構図が長く主張されてきた。

日本企業における株主の変化

　1930年代，すでに経営者支配にあったとされるアメリカの企業では，1960年代後半以降，**M&A**（合併＆買収，Mergers & Acquisitions）が盛んになったり，キャピタルゲインや配当の高さを主な目的とする機関投資家の株主比率が高まったりして，「**株主反革命**」とでもいうべき動きが起こった。これは，所有者である株主が支配力を強めるものであり，アメリカでは現在もこの傾向は強いといわれる。

　一方，日本企業では，高度経済成長期から1990年頃まで，関連企業どおしで株式を持ち合い，株主は経営にお互い口を出さない「**サイレント・パートナー**」の傾向が強いといわれてきた。

この背景には，旧財閥やメインバンクを中心とした**企業集団**の形成がある。1960年代，資本や貿易の自由化が進展し，外国資本によるM&Aの脅威が高まった。そこで，企業では，M&Aから自社を防衛するため，企業集団内で株式を相互に持ち合い，**安定株主化**を進めてきた。これによって，株主による支配力を弱め，経営の自立性を保ってきた。

　そして，実際に，この株式持ち合いの安定株主よりも，主要取引銀行であるメインバンクや規制・指導を行う監督官庁が企業経営に強く関与していた。とくに日本では，高度経済成長期から，企業の資金調達において，銀行への依存度が高かった。**メインバンク**は，企業に融資するだけでなく，当該企業の株式を保有したりして，日ごろから企業と密接な関係を保っており，とくに企業が経営困難に陥ったとき，役員を送り込んだり，経営再建計画に口を出したりして，強い経営への発言権をもってきた。これにより経営へのチェック機能を果たしてきたのである。

　このように，日本企業では，経営者の力が強く，株主は所有者であるにもかかわらず，配当などによる利益還元は低く，その存在はないがしろにされがちであった。経営者には内部昇進者が多く，従業員への高い処遇など，いわゆる「**内向きの経営**」がなされてきた。

　しかしながら，バブル経済が崩壊した1990年代以降，日本企業の株主構成は大きく変化してきた。日本企業における株式所有比率の変化は，図表3－5により確認することができる。

　この図は，1970（昭和45）年から2009（平成21）年まで，約40年間の推移である。この図で顕著なのは，地銀や都銀などの比率と外国法人などの比率の逆転である。外国法人などの比率は5％前後から25％前後にまで高まっている。これに対し，地銀や都銀などの比率は，20％前後から5％以下まで低下している。信託銀行，生保・損保，その他の金融といった国内機関投資家などの比率も15％前後から25％前後にまで高まっている。

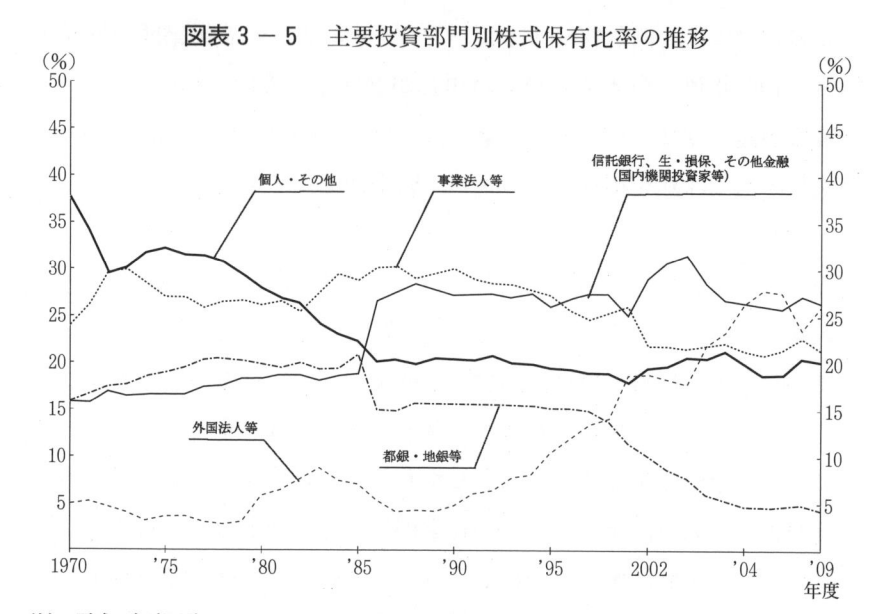

図表3-5　主要投資部門別株式保有比率の推移

注）　平成16年度以降は、ジャスダック証券取引所上場会社分を含む。
出所）　東京証券取引所HP「平成21年度株式分布状況調査の調査結果について」より抜粋

　1990年頃から、外国人投資家の所有比率が高まった理由として、グローバル化が進展し、国境を越えたM&Aや投資が盛んになったこと、バブル経済には割高であった日本の株式がバブル経済の崩壊で割安になり、組み入れやすくなったこと、などがあげられる。

　また、株主持ち合い比率などの推移（図表3-6）によると、1990年代後半より市場全体に占める株式の持ち合い比率は継続的に低下していることがみてとれる。株式持ち合いを依然として重要視する企業も多いものの、企業全体としては2003年の持ち合い比率（金額ベース）は7.6％にすぎない。1990年代前半までは2割程度であったので、株式持ち合いの重要度は大きく低下している。

　このように株主は、経営者にとって、「サイレント・パートナー」としての安定株主から、機関投資家や外国人株主といった、利益還元を求める「物をいう株主」に変化してきており、日本企業における所有と経

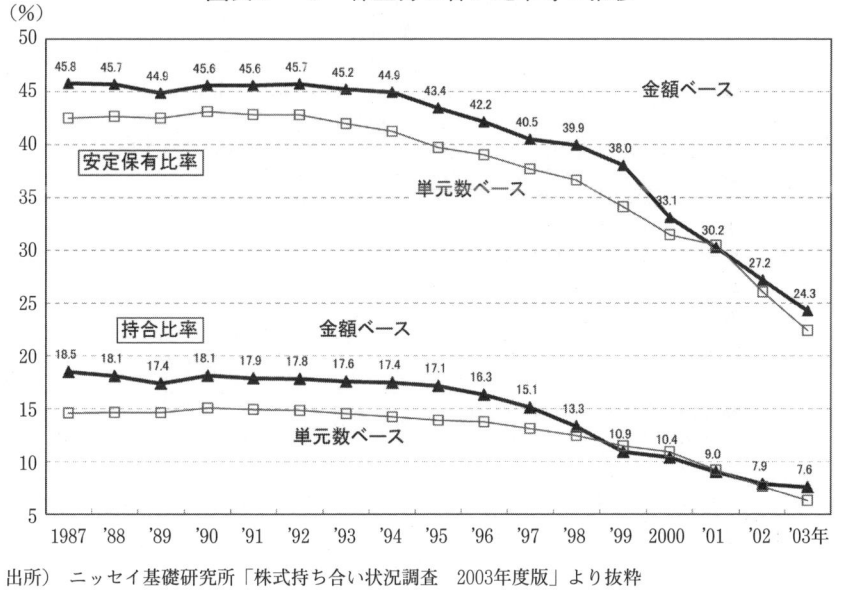

図表3－6　株主持ち合い比率等の推移

(%)

年	安定保有比率 金額ベース	安定保有比率 単元数ベース	持合比率 金額ベース	持合比率 単元数ベース
1987	45.8		18.5	
'88	45.7		18.1	
'89	44.9		17.4	
'90	45.6		18.1	
'91	45.6		17.9	
'92	45.7		17.8	
'93	45.2		17.6	
'94	44.9		17.4	
'95	43.4		17.1	
'96	42.2		16.3	
'97	40.5		15.1	
'98	39.9		13.3	
'99	38.0		10.9	
2000	33.1		10.4	
'01	30.2		9.0	
'02	27.2		7.9	
'03年	24.3		7.6	

出所　ニッセイ基礎研究所「株式持ち合い状況調査　2003年度版」より抜粋

営の関係におおきな影響を与えている。

コーポレート・ガバナンス論の台頭

　アメリカでは1960年頃より，コーポレート・ガバナンス論が展開され，「株主反革命」とでもいうべき動きが起こったが，日本でもバブル経済崩壊の1990年代頃より，**コーポレート・ガバナンス論**が展開されるようになった。この背景には，前述したように金融の規制緩和やグローバル化の流れのなかで，株主が「物をいう株主」に変化したこと。日本企業において，バブル経済の崩壊とともに，粉飾決算や総会屋への利益供与など多数の不祥事が発覚し，経営監視の機能不全が表面化したことなどがあげられる。

　コーポレート・ガバナンスとは，企業の統治，支配，統制を意味する。それは，企業を健全に経営するための監視の構造である。経営者の権力

図表 3 − 7　商法改正の動向

時期	商法改正
1990年	●最低資本金制度の導入（債権者の保護） ●優先株式発行規制の緩和 ●会社設立時の発起人数（7人以上）の制限廃止 ●会社設立時の現物出資・財産引き受けにおける検査役の検査省略 ●株式会社・有限会社間など組織変更手続きの合理化 ●配当可能利益の資本組み入れと新株発行手続きの分離 ●利益準備の積み立て基準の強化 ●配当優先株式の発行手続きの合理化
1993年	●監査役の機能強化（任期延長2年→3年など） ●監査役会，社外監査役の導入 ●株主代表訴訟制度の手数料を一律8200円に ●会計帳簿閲覧権の持ち株比率要件の引き下げ（10%から3%へ） ●社債発行限度額規制の撤廃 ●社債管理会社の設置強制
1994年	●自己株式取得規制の緩和① （利益による自己株式消却，従業員への譲渡のための自己株式取得を認める）
1997年	●自己株式取得規制の緩和② （株式消却特例法の制定，ストックオプション制度の導入） ●合併手続きの簡素化，簡易合併の創設
1998年	●自己株式取得規制の緩和③ （資本準備金および土地再評価額を利用した自己株式取得の緩和—時限立法）
1999年	●株式交換制度，株式移転制度の創設
2000年	●会社分割制度の創設
2001年	●金庫株の解禁（自己株式の取得・保有・処分の自由化） ●単元株制度の創設 ●新株予約権制度の創設 ●監査役の機能強化（取締役会出席義務，任期延長3年→4年など）　ほか
2002年	●新型ガバナンスシステムの導入　ほか （委員会等設置会社＊制度導入，従来の監査役設置会社との選択可能に）
2005年	●会社法成立（商法第2編「会社」・有限会社法・商法特別法が一本化され，会社法として制定される） ↓ ●会社類型の変更（有限会社を廃止し株式会社に統合，合同会社の新設） ●最低資本金制度の撤廃 ●会社機関設定の選択可能（取締役会，監査役会，会計参与＊，委員会など） ●株主代表訴訟制度の合理化　ほか

＊委員会等設置会社は，2005年会社法により，委員会設置会社と名称変更された。
＊会計参与は，貸借対象表や損益計算書などの計算書類を作成することのできる新たな機関で，取締役会を設置しながら，監査役を置かない株式会社においては，設置が義務づけられる。
出所）　橋本基美「日本企業の変革を促す商法改正」『知的資産創造』野村総合研究所，2002年3月号，p.7，表1を加筆・修正。

にチェックが加えられ，経営者が暴走することのないよう，適切な意思決定を行うように仕向ける制度である。広義では，さまざまなステイクホルダーによる経営の監視であるが，狭義では，所有者である株主による経営監視の構造を意味する。

このコーポレート・ガバナンス論の展開とともに，経営のチェック機能を高めるために，商法がいくどとなく改正されてきた（図表3－7）。2005年には，商法第2編（会社）が独立し，新たな会社法として成立し，2006年に施行されている。これまでの商法改正の内容は，主に株主の権限強化が図られ，より経営者の権力に牽制が加えられるものであった。

つまり，法律により，経営の監視機能の強化が図られてきた。ほかにも，東京証券取引所が，2004年4月に「上場会社コーポレート・ガバナンス原則」を発表し，2006年からは全上場企業に対して「コーポレート・ガバナンス報告書」の提出を義務づけており，これを受け，上場企業では，投資家向けに情報公開することにより，経営の透明を高めようとしており，ガバナンス改革を進めてきている。

4 これからの企業構造

日本企業の組織構造

日本企業の構造は，どのような現状にあり，どのような方向に向おうとしているのであろうか。

日本の株式会社の従来型の組織構造は，図表3－8に示すことができる。まず，所有者である株主で構成される**株主総会**は，会社の最高意思決定機関である。株主総会では取締役や監査役を選任する。選ばれた取締役や監査役は，株主に代わり，それぞれ経営の監督を行う。

会社法によると，公開会社（定款による株式譲渡制限がない会社）では，

図表3-8 監査役会設置会社の構造

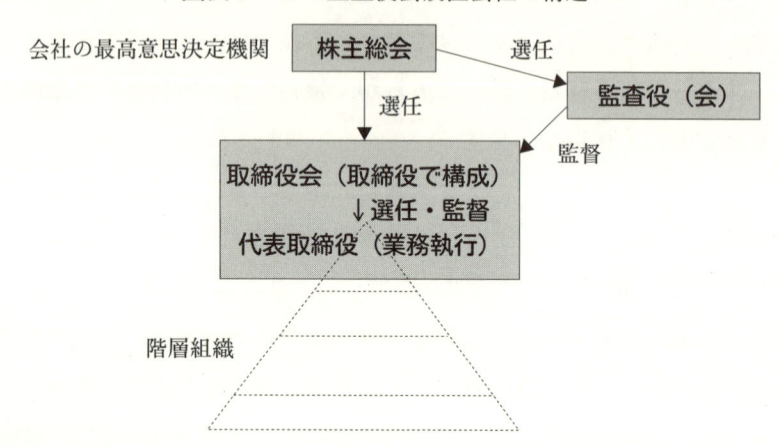

会社の最高意思決定機関 → 株主総会 →(選任)→ 監査役（会）
株主総会 →(選任)→ 取締役会（取締役で構成） ↓選任・監督 代表取締役（業務執行）
監査役（会） →(監督)→ 取締役会
取締役会の下に階層組織

　取締役全員で構成する取締役会の設置が義務づけられている。そして，取締役会を設置する場合，取締役は3人以上置かなければならないとされている。この**取締役会**では，代表取締役を選任し，業務執行上の意思決定を行うとともに代表取締役以下に業務を執行させ，彼らを監視する役割を担う。

　また，取締役会が存在する場合，**委員会設置会社**または**会計参与設置会社**以外では監査役も設置しなければならない。この**監査役**は会計監査とともに，取締役の業務執行を監査する。監査役には取締役に営業報告を求めたり，会社の業務，財産の状況を調査できる権限がある。

　しかしながら，従来の組織構造においては，さまざまな面で経営の監視機能が形骸化しているといわれていた。株主総会はかたちだけ行う「**シャンシャン総会**」と揶揄されることが多かった。監査役は株主総会で選任されるものの，取締役会で指名され，以前の取締役がなることも多く，いわゆる横滑り監査役であったりした。取締役会においても，取締役の人数が多く，また取締役が執行役を兼任していることが多く，本来の目的である経営の監視機能を果たしていない傾向があった。

取締役会の改革

　では，企業は，どのように統治構造を改革しているのであろうか。企業をとりまく激しい環境変化に対応すべく迅速な意思決定のため，また，課題となっている経営の監視と業務執行を分離し，役割や責任を明確化するため，さらには客観的な監視を促進するため，取締役会の改革を進めている。具体的には，執行役員制の導入，取締役の人数削減，社外取締役や社外監査役の導入などがあげられる。

　しかしながら，**執行役員制**により，完全に経営の監視と業務執行を分離すると，現場の情報を十分に得られないという弊害も指摘される。これを克服しようとしたトヨタ自動車の事例をあげてみよう。

　トヨタ自動車では，2003年6月に，取締役改革を図り，執行役員制を導入した。その際，常務などを含め58人いた取締役を専務以上の27人にスリム化した。取締役メンバーは，全社的な戦略を審議する会長，副会長，社長，副社長の他に，10数名の専務（本部長）で構成される。40人程度の常務役員は，部門の業務執行にあたる。この専務取締役は，本部長として，常務役員の指揮にあたり，経営の監視と業務執行を結びつけるという重い責任を担っている（図表3－9参照）。

　また，同社の監査役会は，メンバー7人の内，4人は**社外監査役**となっている。トヨタ自動車が倫理強化のために行っている取り組みとして，監査役の独立性強化を目指したものである。しかし，トヨタでは，社外取締役は存在しない。同社では，2009年から2010年にかけて，アメリカなどで大規模なリコール問題が起こり，その際，社外取締役が存在していないことについて，客観的な外部の目が入っておらず，ガバナンスがきちんとなされていないとの批判の声も聞かれる。

　この**社外取締役の導入**については，外部からの経営監視が極端に厳しくなることをおそれてか，消極的な日本企業が多い。経営者団体連合会

図表 3 − 9　トヨタ自動車の統治構造

トヨタのコーポレート・ガバナンス
現場重視＋多方面からのモニタリング

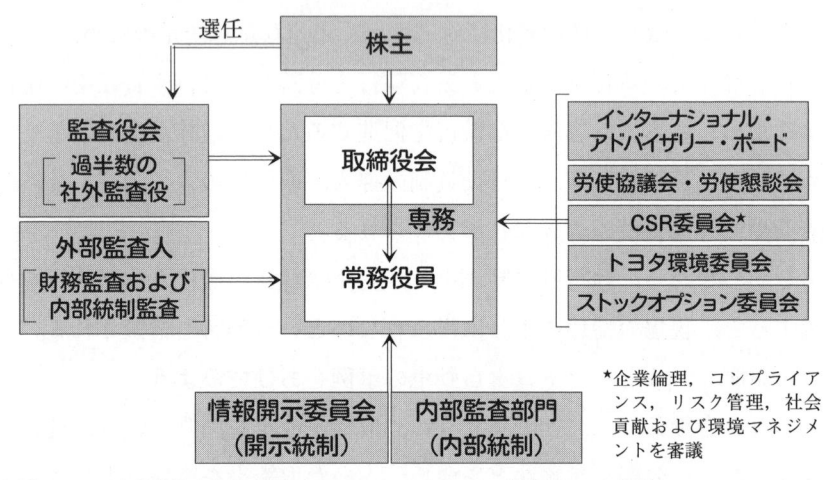

```
                    選任
              ┌──────── 株主
              ↓              │
      ┌──────────────┐       ↓                ┌──────────────────────────┐
      │  監査役会     │   ┌──────┐           │ インターナショナル・      │
      │ ［過半数の    │──→│取締役会│←─────────│ アドバイザリー・ボード  │
      │  社外監査役］ │   └──────┘            ├──────────────────────────┤
      └──────────────┘      ↕ 専務           │ 労使協議会・労使懇談会   │
      ┌──────────────┐   ┌──────┐            ├──────────────────────────┤
      │  外部監査人   │──→│常務役員│←─────────│ CSR委員会*               │
      │ ［財務監査および │  └──────┘           ├──────────────────────────┤
      │  内部統制監査］│     ↑                 │ トヨタ環境委員会         │
      └──────────────┘      │                 ├──────────────────────────┤
                             │                 │ ストックオプション委員会 │
                             │                 └──────────────────────────┘
                ┌──────────┬──────────┐
                │情報開示委員会│内部監査部門│
                │ （開示統制） │ （内部統制）│
                └──────────┴──────────┘
```

*企業倫理，コンプライアンス，リスク管理，社会貢献および環境マネジメントを審議

出所）　トヨタ自動車株式会社HP「コーポレート・ガバナンス報告書」より抜粋

では，コーポレート・ガバナンスは，手段ではなく，健全な経営を確保し，企業価値を高めるための目的であり，それぞれの企業は，各社の戦略，社風などに合ったコーポレート・ガバナンスに関する取り組みを進めているとし，法律による社外取締役や独立役員の義務化に強固に反対の立場をとっている。どのようなガバンスがそれぞれの企業にふさわしいのか，日本企業の取締役会改革はまだ途上であり，かたちだけを整えるよりも実質的に経営監視がきちんとなされることが望まれている。

委員会設置会社のガバナンス

さて，従来型の監査役設置会社の組織構造に加えて，2002年の商法改正では，**委員会等設置会社**（2005年成立の会社法により委員会設置会社に名称変更）との選択が可能になった（図表 3 −10参照）。

アメリカ企業のガバナンスを参考にした「委員会設置会社」は，業務

図表3-10 委員会設置会社の構造

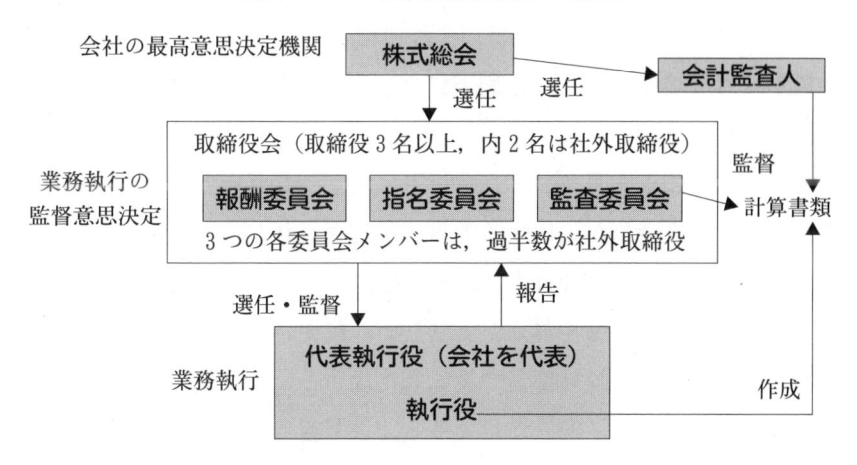

会社の最高意思決定機関　株式総会　　　　　会計監査人
　　　　　　　　　　　　　　選任　選任
　　　　　　　　　　　　　　↓
　　　　　　　取締役会（取締役3名以上，内2名は社外取締役）　　監督
業務執行の　　　　　　　　　　　　　　　　　　　　　　　　　→計算書類
監督意思決定　報酬委員会　指名委員会　監査委員会
　　　　　　　3つの各委員会メンバーは，過半数が社外取締役
　　　　　　　選任・監督↓　　↑報告
業務執行　　　代表執行役（会社を代表）　　　　　　　　作成
　　　　　　　執行役

　執行と経営の監査機能を明確に分離する一元的な制度である。取締役会には，3つの委員会が存在する。①取締役を選任・解任する「**指名委員会**」，②取締役と執行役の報酬を決める「**報酬委員会**」，③取締役と執行役の職務遂行をチェックする「**監査委員会**」である。執行役は取締役を兼ねることができるが，取締役のうち監査委員会の委員は執行役員を兼ねることはできないとされている。

　また，それぞれの委員会は3人以上の取締役で構成され，各委員会のメンバーの過半数は社外取締役とされる。取締役と執行役員は分かれているので，経営監視と業務執行を明確に分かれていて，経営の透明性は高い。また，それぞれの委員会に過半数存在する社外取締役により，客観的な監視が期待できる。

　「コーポレート・ガバナンス白書2009」によると，東証上場企業の組織構成の内，監査役設置会社は97.3％，委員会設置会社は，わずか2.3％であった。ソニー，東芝，日立製作所などの企業が導入している。

　ここでは，いち早く2003年より委員会等設置会社に移行したソニーの事例をあげてみよう。**ソニー**では，2010年現在，取締役14人の内，社外

取締役は12人と大多数を占めており，取締役会の議長も社外取締役が担う。監査委員会と報酬委員会は，それぞれ3人の社外取締役で構成され，全員が社外取締役であり，報酬委員会は5人の内，過半数の3人が社外取締役となっている。

　実際に，2005年3月7日，ハワード・ストリンガー副会長が会長に就任し，出井伸之会長が退任する人事が決定されたが，これは，公約を果たせなかった出井氏に社外取締役が続投を拒否したとされ，社外取締役がおおきく経営に影響を与えた事例といわれている。

　社外取締役は，所詮外部者で役に立たないという主張もみられるが，その存在意義として，違った目でみる，より客観的に判断することなどがあげられる。そのためには，重要な経営情報が十分に開示され，経営のモニタリング機能が確立されることが前提条件となる。

新しい経営像

　ここまで述べてきたように，「所有」と「経営」と「労働」の関係は揺れ動いてきた。

　とくに**株主の無機能化**が問題となっていた日本企業でも，「株主反革命」といった動きがみられ，株主のパワーが増してきた。安定株主から，株式が分散し，機関投資家や外国人投資家の比率が高まっている。株主のパワーが増すことで，経営者も株主の意向を重視した経営に転換し，日本型コーポレート・ガバナンスの構造に変化がみられるようになってきた。

　ただし，株主の多くは，会社成長のための投資ではなく，**キャピタル・ゲイン**を目的とした株式の保有と売却を行っている。短期の業績で株価が左右され，株価が下がったり，株式持ち合い解消をしたりすれば，よりM&Aの脅威が高まることになる。これに対し，**日本経済団体連合会**(2006)では，長期保有株主への恩典を提言し，健全な投資を呼び込も

うとしている。

さて，ますますグローバル化は進展し，企業の活動が世界規模となっているなか，もはや1国のルールだけで，企業が行動することは困難である。生き残りをかけて，業界再編が進むなか，各企業の経営による舵取りはよりむずかしさを増している。健全な投資を呼び込み，さらに企業価値を高めるため，企業は法令を遵守し，情報開示により透明性の高い経営を実現し，企業構造だけでなく，ビジネス・プロセス，企業文化などあらゆるものに革新（イノベーション）が求められている。

労働に求められる変化

最後に，企業における「労働」（ワーカー）についてふれたみたい。企業には，さまざまなステークホルダーが存在しているが，「企業は誰のものか」という問いに，従来日本では，「従業員のためのものである」と考える人が多かった。

その理由として，終身雇用や年功序列といった安定した雇用と昇給・昇進のシステムが存在していたこと，企業別組合により労使協調路線の組合が多かったこと，企業側も従業員に手厚い処遇をしていたこと，また，日本の経営者は**内部昇進者**が多く，従業員からトップに登りつめることができるという期待がもてること，その結果として従業員が企業に対して忠誠心が強く，さらに，経営者も従業員を重視した経営をしていたことがあげられる。

しかし，今日では，企業は，主に人件費削減と雇用の柔軟性を保つため，**非正規社員比率**を増やしてきたという現状がある。正規社員においても，必ずしも年功序列で昇給・昇進しなくなっているし，雇用リストラも盛んになっている。また，厚生労働省平成21年（2009年）労働組合基礎調査によると，労働組合の推定組織率（雇用者数に占める労働組合員数の割合）は，戦後50％を超えていたが，1976年から減少傾向が続き，

2009年には18.5％となっていて，内部の経営監視機能のひとつとしての労働組合は，弱体化の傾向が強まっている。

このようななか，従業員の忠誠心は変化してきており，自分が個として認められ，より重んじられ，活躍できるステージを求めて，転職も厭わなくなっている。

そこで企業には，従業員に対して，個人のキャリア形成を積極的に支援するなど，これまでとは違う新たな動機づけが望まれている。

一方，従業員は，激変する環境のなか，時代の変化に対応できる柔軟性とチャレンジ精神をもった人材となることが望まれる。今日の企業では，自ら主体的に考え，課題を設定し，それを解決する自律的な人材が求められている。加えて，研究開発や技術や情報に関する高い専門性，プロフェショナルな仕事がより求められるようになっている。企業で求められる「労働」の質も変化しているのである。

《参考文献》

伊丹敬之『経営を見る眼』東洋経済新報社，2007年

井上輝一「トヨタ自動車のコーポレート・ガバナンスに関する一考察」財務省財務総合政策研究所『フィナンシャル・レビュー』December-2003年，pp.19-202

上野陽一・馬場直彦「わが国企業による株主還元策の決定要因：配当・自社株消却のインセンティブを巡る実証分析」日本銀行ワーキングペーパーシリーズNo.05-J-6，2005年4月

株式会社東京証券取引所「東証上場会社　コーポレート・ガバナンス白書2009」2009年1月

齊藤毅憲編『経営学を楽しく学ぶ』（ニューバージョン）中央経済社，2002年

社団法人日本経済団体連合会「商法改正への提言」2000年10月17日

社団法人日本経済団体連合会「我が国におけるコーポレート・ガバナンスのあり方について」2006年6月20日

社団法人日本経済団体連合会「主体的なキャリア形成の必要性と支援のあり方〜組織と個人のマッチング」2006年6月20日

ソニー株式会社HP「国内取引所向けコーポレートガバナンスに関する報告書」最終更新日2010年6月28日

高橋伸夫『経営の再生　第3版』有斐閣，2006年

トヨタ自動車株式会社HP「コーポレート・ガバナンス報告書」最終更新日2010年6月25日

ニッセイ基礎研究所「株式持ち合い状況調査　2003年度版」2004年9月

橋本基美「日本企業の変革を促す商法改正」『知的資産創造』野村総合研究所，2002年3月号，pp.6-21

マックス・ウェーバー著，浜島朗訳『権力と支配　政治社会学入門』有斐閣，1967年

三戸浩・池内秀己・勝部伸夫『企業論　新版補訂版』有斐閣，2006年

宮島英昭・原村健二・稲垣健一「進展するコーポレート・ガバナンス改革と日本企業の再生」財務省財務総合政策研究所，2003年6月

ロナルド・ドーア著，石塚雅彦訳『働くということ　グローバル化と労働の新しい意味』中央公論新社，2005年

Berle, A. A and Means, G. C., *The Modern Corporation and Private Property*, Macmillan, 1932.（バーリー＆ミーンズ著，北島忠夫訳『近代株式会社と私有財産』文雅堂書店，1958年）

Burnham J., *The Managerial Revolution: what is happening in the world*, John Day Co., 1941.（バーナム著，武山泰男訳『経営者革命』東洋経済新報社，1965年）

《いっそう学習（や研究）をすすめるために》

伊丹敬之『経営を見る眼』東洋経済新報社，2007年
　副題は「日々の仕事の意味を知るための経営入門」とされている。企業で働く人びとにとって，毎日の仕事にどのような意味があり，経営全体の中で位置づけとなるのか，「企業とは何か」，「リーダーのあり方」，「経営の全体像」などから解説した一冊である。

高橋伸夫『経営の再生　第3版』有斐閣，2006年
　本のテーマは「経営するって何だろうか」という問いに応えることと筆

者は述べている。「経営する」ことは，所有することでも，投資することでも，管理することでもない，それ以上の何かであるとし，経営者と株主の関係，組織構造，企業文化，経営者の役割，戦略などから解明しようとするものである。

三戸浩・池内秀己・勝部伸夫『企業論　第3版』有斐閣，2011年
　企業とはどんなもので，どんな構造をし，どんな活動をしているか，わかりやすく解説したテキストである。「財・サービス提供機関」としての企業，「株式会社」としての企業，「大企業」としての企業，「組織」としての企業，「家」としての日本企業，「社会的器官」としての企業，という6つの企業観からアプローチされ，整理されている。

《レビュー・アンド・トライ・クエスチョンズ》
① 企業規模の拡大にともなう所有と経営の分離について，具体的な事例をあげて，どのようなステージをたどるか説明して下さい。
② 企業のなかで，職能分化と階層分化が進むにつれ，組織がうまく機能するためにはどのような調整が必要となるか考えて下さい。
③ コーポレート・ガバナンスとはなにか。日本型ガバナンスはどのように変化しつつあるか，説明して下さい。

第4章

企業の環境

本章のねらい

　本章では，企業が置かれた経営環境についての見方として，2つのアプローチを眺めていくが，以下のことを学習することができる。

① 企業が活動を行ううえで，外部の経営環境を把握する視点（自然環境，政治環境，経済環境，社会環境，技術環境といった5つの環境要因）

② 日本企業をとりまく経営環境の課題

③ 環境としての社会に対応するステークホルダー・アプローチの視点

④ ステークホルダーの期待や要求に対応した日本企業の課題

1　経営環境を分析する意義

　経営活動を行ううえでは，企業が置かれた環境がどのようなものであるかを検討する必要がある。環境が変化していくときには，企業は環境の変化を予測しながら，その変化に適応していかなければならない。その際，企業経営に影響を及ぼす環境要因はどのようなものがあるのか。また，現在であれば，なにが環境要因として重要視されねばならないのだろうか。すなわち，**経営戦略**や**経営計画**を策定する前提として求められるのは，**経営環境**をどのように分析すればよいかに関する視点である。

　ここでは，企業をとりまく環境を分析する際の枠組みとして，次の2つのアプローチをとりあげる。ひとつは，外部環境要因を識別し，分類する方法である。これは，さまざまな環境要因をいくつかの視点に分類するアプローチであり，**自然環境**，**政治環境**，**経済環境**，**社会環境**，**技術環境**などの環境要因に分類して把握する方法である。

　また，もうひとつは，企業と利害関係を有する企業内外の**ステークホルダー**に注目する見方がある。現代企業は彼らのさまざまな期待や要求に応えていくことが必要であり，企業が接している社会の環境主体としてステークホルダーをとらえるアプローチである（図表4-1）。

　本章では，企業をとりまく環境についての把握の仕方を考えていく。また，経営環境を分析する枠組みとして上述の2つのアプローチをふまえて，同時に企業と環境の相互関係にも注目したい。一般的にいえば，企業は環境に影響を受けて，環境に対し受動的に適応していく行動が求められる。だが，一方では，企業活動が環境に影響を与え，環境を変化させていくという作用がある。現代社会においては，企業の影響力が増大していることをふまえると，後者の見方も考慮に入れていくこともますます必要になっていることを指摘しておこう。

図表4−1　経営環境を理解する2つのアプローチ

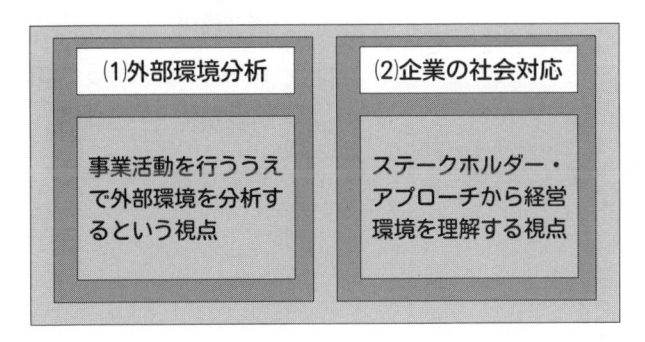

(1)外部環境分析	(2)企業の社会対応
事業活動を行ううえで外部環境を分析するという視点	ステークホルダー・アプローチから経営環境を理解する視点

2　外部環境要因のとらえ方

　ここでは，企業と環境についての1つ目のアプローチとして，企業をとりまく環境を分析する視点について考えたい。まず，経営環境をどのように分類して把握することができるのだろうか。つぎに，**外部環境要因**を5つに分けて考え，日本企業の課題についても考察する。さらに，具体的な製品市場における外部環境分析の実際をとりあげ検討してみたい。

環境要因の分類

　企業をめぐる環境を分類する視点としていくつかの次元がある。まず，企業の**内部環境**と**外部環境**を区別する見方である。内部環境とは，企業内の組織や経営資源についての状態であり，経営戦略の構築に当たっては，自社の強みや弱みを客観的に把握することが必要となる。一般的にいえば，内部環境の大部分は，企業がみずから制御していくことが可能な要因である。一方，外部環境要因のほうは，企業自身がそれを制御していくのは困難であり，企業側がそれに適応していく行動が求められる

第4章　企業の環境

図表4-2　経営環境の分類

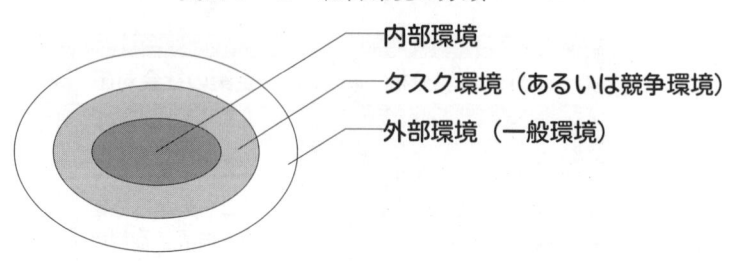

- 内部環境
- タスク環境（あるいは競争環境）
- 外部環境（一般環境）

といえる。

　また，かりに内部環境を完璧に整備したとしても，外部環境に適応していない状態では，業績の向上は確保されない。大事なのは，自社の製品が流行に合致して売れているのかどうか，すなわち外部の環境変化にマッチした行動をとっているかどうかである。すなわち，顧客のニーズやその変化を察知し，環境の変化に対応していくことが重要である。

　外部環境については，**一般環境**と**タスク環境**に区別する見方が一般的である。一般環境とは，大部分の企業に影響を与えるものであり，自然環境，政治環境，経済環境，社会環境，技術環境などの環境要因に分類して把握されるものである。一方，タスク環境とは，特定環境という場合があるように，特定の企業の目標設定や活動に影響を与えるものである。両者の区別は相対的なものでもあり，必ずしも厳密にわけて考えられるものではないが，環境には，企業に対して直接的・間接的に影響を及ぼすさまざまな要素がある。

　さらに，こうした環境分類とは別に，**ポーター**（Porter, M.）は，著書『競争の戦略』において，中心にあるのは企業がどの業界に属するかであるとして，一般環境のなかから，**競争環境**というものを特定させた。彼によれば，競争環境をつくる要因には，5つの要因があり，①新規参入の脅威，②代替品による脅威，③買い手の交渉力，④売り手の交渉力，⑤業界内の競争関係を「**ファイブフォース分析**」として把握している。

このような業界内の競争環境を分析していくことで，企業は有利な競争を展開できるとしている。

各環境要因の具体例

上述のとおり，外部環境は，企業が独自に制御することができない要因である。また，外部環境要因には，ほとんどの企業に関係する**一般環境**と個別の組織に関係する**タスク環境**とがある。ここでは，一般環境について，自然環境，政治環境，経済環境，社会環境，技術環境の5つの環境要因を具体的に眺めながら，日本企業をとりまく経営環境の課題も明らかにしていく。

①自然環境要因

自然環境要因（Natural Environment Factors）は，企業行動に影響を及ぼす短期的・長期的要因である。天気の状態が店舗の1日の売上高に影響を及ぼす業態がある一方，**地球温暖化**は中長期的に地球環境の変化を促し，それによって影響を被る産業も出てくる。企業に影響を及ぼす自然環境要因として，具体的には次のような例をあげることができる。

第1に，毎年の気候変動である。たとえば，猛暑の夏に業績を伸ばすのはどのような企業であろうか。炎天下の行列の苦しさを想像する人々は，東京ディズニーランドへの行楽を避けるかもしれない。代わりに，冷房の効く室内アミューズメント施設のほうを好み，映画関連会社などが業績を伸ばしていく可能性がある。一方，冷夏においては，ビール会社の売上高は大打撃を被る。

このような天候要因は，企業にとってコントロールできないものであり，せいぜい長期天気予報に留意して生産計画を調整していくしかない。近年は，天候リスクに備えた保険などが商品として販売されているが，巨大企業の業績リスクのすべてを支えきれるものではないであろう。

第2に，天然資源の枯渇や各種資源の価格変動リスクなども，自然環

境がもたらす問題として今日重要視されている。近年,**原油価格の高騰**が投機マネーの流入によって生じて,ガソリン価格が数10パーセントも上昇したことは記憶に新しい。また,2010年には,中国での生産が大半を占める**レアアース**の不足に対して,日本をはじめとする世界の主要国がその対応策を講じる必要に迫られた。

②**政治環境要因**

政治環境要因(Political Environment Factors)としては,各国の政治体制や法制度のあり方が企業活動に影響を及ぼしている。政治の安定は,経済活動の推進のうえで欠かせない条件である。また,政権交代によって起こる政策の変化は企業行動に影響を及ぼす場合があり,それに対しても企業は機敏な対応が求められる。また,**商法**や**労働法規**,**独占禁止法**といった企業関連法制とともに,環境政策や消費者保護政策など,さまざまな政策の実施に対しても,企業はそれを遵守していく必要がある。

すなわち,政治環境要因は,円滑な企業活動を行ううえでの基礎的条件を形成しているものであり,同時に各種の規制は企業行動に規律を与えるものである。日本企業に影響を及ぼす政治環境要因として,具体的には次のような例をあげることができる。

第1に,政府の活動は,個別企業の活動では解決しない問題への対応が期待されるものである。たとえば,日本政府は海外諸国との貿易を推進していく役割を担っており,今日,**FTA(自由貿易協定)**や**EPA(経済連携協定)**の締結なども重要な外交課題となっている。お隣の韓国は,EU(欧州連合)をはじめとする国々とのFTA締結を先行させて,それにより輸出にともなう関税引き下げに成功し,家電製品などの競争力を増していくことになった。

第2に,法規制は,企業活動を促進させたり,規律ある方向に導くものである。会社法をはじめとする企業関連法規は,企業活動の基本を決めていくものであり,その改正にあたっては,国際的な動向をふまえつ

つ日本の実情に即したものであることが求められる。現在，協議が進行している**国際会計基準**の策定をめぐっても，日本企業の実情として，たとえばモノづくりの輸出企業にとって適切な会計基準のあり方を探っていくことも必要な課題として位置している。

③経済環境要因

経済環境要因（Economic Environment Factors）としての**為替**や**金利**の水準などは，企業活動を刺激したり，抑制したりする作用がある。そして，その水準そのものが企業業績に大きく影響を与えるものである。また，国々のGDP水準，物価動向，消費動向，生産・投資動向，労働市場動向など，さまざまな経済環境要因を与件としながら企業は活動を行う。企業に影響を及ぼす経済環境要因として，具体的には次のような例をあげることができる。

第1に，各国が行う金融政策によって決まる**金利水準**である。日本では，長く低金利政策が採用され，とりわけ近年の経済低迷期は超低金利の状態が続いている。企業にとっては，銀行借入などの資金調達にかかわるコストが安くなり，設備投資をしやすい環境のはずである。高度成長時代の日本企業は，積極的な投資活動を行ってきたが，現代企業の資金需要は必ずしもおおきくない。優良大企業の多くは無借金経営を誇るが，一方で国内外の投資活動に対して陰りがみられ，投資不足の状態が経済停滞を助長している状態ともいえそうである。

第2に，**為替レート**の変化が企業業績に大きな影響を及ぼす。企業は毎年の予測にもとづき為替の基準レートを設定し，為替予約などのリスクヘッジを行って大きな損失を被らないように注意を払っている。

しかしながら，たとえば，2010年に進行した急激な円高に対しては予想を上回る水準に達してしまい，輸出比率の高い企業の業績を悪化させることになった。反対に，原材料を輸入する産業では，円高メリットを享受することになった。日本経済は全体としては輸出産業に依存して

おり，円高は日本の平均的な株価にマイナスの影響を与えるといえる。

④社会環境要因

社会環境要因（Social Environment Factors）としては，**人口構造の変化や人びとの生活様式の変化**（例：共働き夫婦の増加）などがあげられる。社会環境要因は，他の環境要因に比べれば安定的に推移しているが，緩やかに変化しており，人びとの価値観や地域文化を変えていく。企業に影響を及ぼす社会環境要因として，具体的には次のような例をあげることができる。

第1に，社会環境の主要な要因として人口動態の変化に注目してみる。人口構造の長期的なトレンドはある程度予測可能であり，**少子高齢化**や**核家族化**により，商品やサービスを提供する対象としての消費者が変化していく。したがって，企業の製品開発やマーケティング活動において，人口動態を分析することは消費者のニーズを把握していくのに不可欠なものである。

第2に，人びとの価値観や生活様式の変化が企業に及ぼす影響も計り知れない。たとえば，共働き世帯の増加にはさまざまな環境要因が作用している。経済環境の悪化もその一因であるし，一方で女性の高学歴化や**男女雇用機会均等法**の成立などが女性の社会進出を促したこともその背景であるといえる。企業としては，多くの業種において，従来のような男性の正社員を中心とした雇用システムの見直しをしていくことも課題となっている。

⑤技術環境要因

技術的環境要因（Technological Environment Factors）は，**科学技術の発展**や**技術革新**を要因とした環境である。自然科学を基盤とする技術革新のみならず，社会制度面での革新なども経営環境の変化を促す場合がある。それら技術環境の動向は，現代企業の市場競争を大きく変化させる場合がある。画期的な新製品の投入はそれまでの製品群を一気に陳

腐化させてしまうこともある。

われわれはそのような例のいくつかをあげることが可能であるが，たとえば，携帯電話（ケータイ）の浸透は，**公衆電話機**の設置数を大幅に減らすことになった。その際，公衆電話機の製造メーカーは，うまく技術環境の変化に対応できたのであろうか。

また，電気自動車の製造は，変速機などがガソリン自動車に比べて簡素なものであるため，これまでの完成車メーカーと異なるベンチャー・ビジネスなどが台頭していく可能性もある。このように，既存の技術が新しい様式に適合的でない場合，企業は根本的に変わらねば生き残ることができない。

図表4－3　外部環境要因の分類

一般環境
- 自然環境要因：天候，資源の枯渇，地球温暖化など
- 政治環境要因：政権交代，法律改正，外交政策など
- 経済環境要因：金利，為替，マクロ経済など
- 社会環境要因：人口構造の変化，生活様式の変化など
- 技術環境要因：科学技術の発展，技術革新など

外部環境分析の実際

　以上のような経営環境要因の分類をもとに，外部環境分析の実際の事例として，**ビール市場**と**自動車市場**を題材に考察していくことにしよう。

　①ビール市場の環境分析

・自然環境要因

　ビール市場の売り上げに大きい影響を与えるのは，自然環境要因としての天候である。酷暑におけるビールの消費量は通常は大きく伸びる。したがって，基本的には，外部環境の変化に大きく依存する業種特性をもつといえる。ただし，近年の猛暑においては，ビール出荷数量が前年に比べてマイナスとなっている場合もあるように，ほかの環境要因の考察が必要になってくる。

・社会環境要因

　アルコールの消費そのものに影響を与えている社会環境要因があることに留意する必要がある。社会の**高齢化の進展**は，アルコールの消費量そのものを下げる。

　また，一方で，若者達の嗜好が変化し，ビールや日本酒といった従来型のアルコール飲料のニーズが減少している傾向がある。その場合，他のアルコール飲料との競合関係がどのような事情から生じているかについても考慮していく必要がある。

・政治環境要因

　アルコール飲料については，品目ごとに酒税率が異なる。また，ビールについては，麦芽の使用比率に応じて，ビール，発泡酒，第3のビールと**酒税率**が下がる。

　したがって，日本のビール会社の取り組みとしては，酒税率が低い発泡酒および第3のビールの生産に力を入れるようになり，従来のビールに加えて，**価格帯**の安い擬似ビールの売り上げを拡大する生産体制を整

えた。その結果，缶チューハイなどのアルコール飲料と価格帯が接近していくことで競合することができるようになった。

・経済環境要因

原材料の多くを輸入に頼るビール会社は，為替変動の影響を受けるため，為替の動向をにらんだリスク対策を講じている。また，発泡酒による低価格化は，経済環境の低迷を受けた結果としての消費者の購買行動であるといえる。不況期が長く続くと，高級品の売れ行きが不振となる。また，会社関係の宴席の回数なども減少するため，ビール市場は経済環境要因の変動による影響を受けやすい。

・技術環境要因

古来より技術革新がビールの製法自体を改善してきた。かつて低温殺菌法という，ビールを殺菌消毒するうえでなくてはならない発明により，大量生産，安定供給が可能となった。また今日では，たとえば，ビールの鮮度と品質を保つための工夫が施されるようになった（例：製造工程において，ビールの酸化を防ぐ工夫など）。

それら各社の技術対応がビールの味と品質を決めていき，商品の競争力を形づくることになる。また，近年，**ノンアルコールビール**の消費量が増大したが，製法が改善されて商品の品質が高まるというような技術要因が需要の喚起に役立ったと考えられる。

②自動車市場の環境分析

・自然環境要因

自動車市場に影響を及ぼす自然環境要因としては，**石油資源の枯渇**や各種資源の価格変動などの問題が重要視されよう。また，自動車からの排出物削減も地球温暖化問題を考えていくうえで欠かせない側面である。

近年，原油価格の高騰が起こり，ガソリン価格が急上昇したことは，自動車会社の次世代カーの開発競争に影響を与えた。これらの事態は，短期的あるいは長期的に，自動車市場に影響を及ぼしていく要因といえ

るであろう。

・政治環境要因

　近年の政府施策が自動車産業の業績を下支えしたことは，特筆できる産業振興策である。エコカー減税の施行により，**エコカー**として認定された車種の購入や13年超えのマイカー保有者の新車購入にともなう補助金支給は，特定業界を優遇，支援する政策である。

　また，高速道路の料金割引を実施したことは，自動車利用による行楽を喚起し，大きな消費効果を関連分野に及ぼしたことであろう。さらに，ETC装着車を割引対象としたことは，ETCの機器の製造・販売を増大させることになった。

・社会環境要因

　地方における過疎化の進展は，鉄道やバス便の廃止を促したが，そのことがインパクトとなって，個別世帯における軽自動車購入を増加させた。また，若年層における「**車ばなれ**」はさまざまな要因から起きていると考えられるが，ライフスタイルとしての「**カーオタク**」が従来と比して目立つ存在でなくなってきていることも確かかもしれない。そのような消費嗜好の変化も，自動車メーカーが開発する車種のラインアップを変化させている。

・経済環境要因

　不況が続き，若年層の雇用環境が悪化していることも，高額商品としての自動車の購入が敬遠される理由であろう。ファミリーカー市場においても，低価格への志向が高まり，その対応として，自動車メーカーは海外での部品生産および組み立てを進めるようになった。今日，**海外生産台数**は国内生産台数を上回るようになり，従来の輸出から海外投資へのシフトが加速している。

・技術環境要因

　グローバル競争に打ち勝つには，次世代カーへの研究開発投資に力を

入れる必要がある。**電気自動車の市場**はバッテリーを改善強化し，充電のためのインフラが整備されていくことで購買層が拡大していく。

さらに，その後には，燃料電池車の開発がすすめば，よりエコな車が中心的な規格として定着していくことになる。また，高齢社会においては，高齢ドライバーの増加により，高齢者対応の安全設計が求められることになり，その面での技術革新の進展が消費者の購買決定に影響していくことになる。

以上，ここでは，外部環境要因を識別し，分類する方法について考察を試みた。実際の**経営戦略**の策定にあたっては，内部環境の状態についての分析を行いつつ，外部環境への適応をどのようにすすめていくかが重要な課題となろう。この点は，経営戦略の構築に際しての問題として第6章を参照されたい。

3 企業とステークホルダー

つぎに，企業と環境に関する2つ目のアプローチとして，環境としての社会を理解していこうとする**ステークホルダー・アプローチ**をとりあげよう。上述のような事業活動を行ううえでの環境要因を分類するアプローチは，環境が企業に与える影響を分析したり，環境変化を検討していく際に有効なものである。

これに対して，特定の企業がどのようなステークホルダーを考慮していかねばならないかという対象に注目するアプローチもある。このように，ステークホルダーとの関係から企業経営を考える議論の延長上には，**コーポレート・ガバナンス**やCSRといった領域があり，近年は，企業と社会の関係を扱う分野が重要性を増すようになった。

ここでは，まず，企業内外のステークホルダーをとりあげて検討し，

日本企業のステークホルダーの特質を明らかにする。つぎに，現代企業と社会の関係を考える手がかりとして，CSRの議論をとりあげ，その具体的領域と現代企業の対応について検討していくことにしたい。

企業を取り巻くステークホルダー

ステークホルダーは，企業が利害関係をもっている環境主体である。ステークホルダーとは，企業の経営活動に影響を与える，もしくは経営活動によって影響を受けるような集団および個人と定義される。具体的には，企業にかかわるステークホルダーとして，経営者，株主，従業員という企業を構成する**主要なステークホルダー**と，供給業者等の取引先企業，顧客，地域社会，行政当局などの**外部のステークホルダー**があげられる。

かつての企業は，資金提供者に対する責任の遂行を第一として考えていた。したがって，株主や債権者としての銀行などが企業にとって主要なステークホルダーとして位置していた。しかし，現代企業は，よき**企業市民**として，さまざまなステークホルダーへの配慮を求められようになり，多くのステークホルダーの満足を得ていくことが企業活動の円滑化に役立つことを意識するようになった。ここでは，企業がステークホルダーに対して負うべき責任を明らかにし，同時に日本企業のステークホルダー特性を述べていくことにしよう。

①株　主

株主に対しては，経営者は利益を創出していく経済的責任をもつ。そのための前提として，毎年の経営成績を示す決算資料を企業会計の手続きに従って作成する義務がある。とりわけ，上場企業の場合は，財務情報および非財務情報を所定の手続きに従って公表する必要がある。今日，コーポレート・ガバナンスや**内部統制**，**リスクマネジメント**などのさまざまな情報を開示していく要請が強まっている。一方，企業側としても，

法制度が要求している水準を超えるような積極的な情報開示を行うことで，社会からの信頼を高める必要性を意識するようになった。

日本企業の株主の特性としては，従来，法人どおしによる株式持ち合いが行われてきたように，**法人株主**（銀行，保険会社，事業会社など）が相対的に多かった。そのため，事業上の必要に応じて株式を保有した関係もあって，法人株主は一般にサイレントな安定株主として位置する場合が多かった。

しかし，今日，外国人株主や機関投資家の保有分が増加し，その分，資金を運用する投資家の立場から，企業に対する要求が強まるようになった。そのため，現代の**株式公開企業**は，株主への説明責任を明確化させたり，企業経営の透明性を高めるために，コーポレート・ガバナンスの改善に力を入れている。

②従業員

従業員に対しては，企業は雇用のうえでさまざまな責任を負う。社員の採用や人事管理上の処遇にあたって，**性差別**あるいは**人種差別**などが行わないように公平な取り扱いを行う必要があることはいうまでもない。

このように，法令が求める責任を果たすのみならず，そもそも従業員は企業を繁栄させるのに必要不可欠な経営資源であり，より積極的な活用が求められる。したがって，自社の成長が従業員の生活に直接的に関連をもつため，ステークホルダーとしての従業員は，企業と利害を共有する存在としてとらえることが重要である。

日本企業の従業員の特性としては，**終身雇用制度**や**年功序列賃金**がこれまで特徴としてあげられてきたように，特定の企業と長期的にかかわることで，企業固有の文化を強化してきた。労働市場もまた新卒採用を重視し，企業内での教育・訓練活動を充実化してきた。

一方，日本の経営者もまた長期雇用のもとに，内部昇進によって役員になるものが比較的多く，長期的に特定企業と利害を共有した経験は，

従業員と共通する気風を形成した部分が強かったといえる。

　③銀行・下請企業

　債権者としての銀行は，融資を通じて企業とかかわりあうステークホルダーである。日本では，**メインバンク制度**と呼ばれる最大の貸し手としての特定の銀行をもつ企業が多い。間接金融中心であった高度成長時代において，銀行の監視体制はコーポレート・ガバナンスの担い手としても機能したが，資金調達の多様化がすすみ，直接金融を利用する企業が増えたことで，その分，企業に対する銀行の影響力は低下した。

　また，取引先としての**供給業者**については，継続的な取引を通じて密接な企業間関係を有するステークホルダーとして位置する場合が少なくない。日本では，自動車産業などで，組み立てメーカーと部品メーカーとの間に企業間ネットワークが重層的に形成されており，製品開発においてもしばしば協力関係を築いている。トヨタグループの**カンバン・システム**なども企業間の協力体制として有名である。

　④顧客・消費者

　顧客・消費者については，法的にも**消費者保護関連法規**や**製造物責任法**などによって企業責任が規定されている。また，環境問題などに関心をもつ社会意識が高い消費者が出現したことで，彼らの購買活動も企業に影響を与えるようになったといえる。顧客と地域社会は，しばしば同一者であることも多いであろう。

　したがって，企業は広く一般公衆を意識した行動をとる必要がある。地域社会への貢献活動を行ったり，社員が地域における**コミュニティ活動**に参加したりするなど，現代企業は，よき企業市民としての行動がますます求められるようになっている。

現代企業とCSR

　以上みてきたように，現代企業は，環境主体としてのステークホルダー

への配慮を行いつつ，事業活動を推進していくことが責務となっている。今日，このような見方は，**コーポレート・ガバナンス**の議論においても見られる。

　コーポレート・ガバナンスにおいては，株主を中心した見地から，企業価値の向上を焦点とした議論が行われる一方で，より広くステークホルダー全体を射程した見地から，広く社会からの監視体制を含めて行われるようになった。さらに，今日，CSRに関する議論がますます活発に論じられている。ここでは，企業がステークホルダーへの配慮を強めていくようになった現代の経営環境の変化を考えてみる。以下，CSRの議論が喚起されるようになった理由をあげていこう。

　第1に，**グローバリゼーション**が進展するなかで，消費者・顧客，市民・コミュニティ，NGO（非政府組織）・NPO（非営利組織）などのステークホルダーが台頭するようになり，企業に対しての影響力を強めるようになった。たとえば，1990年代に，アメリカのナイキ社は発展途上国にある製造工場（委託先企業）で行われていた児童労働を把握しておらず，NGOの人権団体からの指摘があって，そうした事態を是正していく対応を必要とした。

　NGOによる情報提供がときにはマスコミを動かし，消費者の不買運動にまで発展していく可能性があることを考えると，企業とさまざまなステークホルダーとのコミュニケーションが重要性を増しているといえる。また，取引先企業に対しては，CSRの基準を遵守させることもグローバル企業の責務となった。

　第2に，株式市場における**機関投資家**などの影響力が増大し，企業のCSR対応を強化する方向に導いている点があげられる。先進諸国においては，年金運用の受託者として機関投資家に対しての責任が法的に課され，今日，年金基金等の資金運用にあたって，**SRI（Socially Responsible Investment，社会責任投資）**が重要視されるようになっている。SRI

とは，企業活動を財務面のみならず，社会・環境面からも評価し，投資活動を行うことである。

すなわち，社会に責任をもつ企業に対しての投資が重要視されるようになり，それを評価するための投資判断基準および**スクリーニング**（企業を選び出すプロセス）が必要となった。株式市場では，そのようなCSRについての企業評価手法が確立していくことで，企業側としても社会責任を意識した活動を重視し，実践するようになったのである。

第3に，CSRに関する基準・規格が数多く策定されており，その影響力が増大している点も重要である。2000年に制定された国連の**グローバル・コンパクト**は，人権・労働・環境・腐敗防止の4つの領域にかかわる10の原則を示し，世界各国の企業によって任意にその遵守が誓われている（2010年6月時点で，世界で約8千社が参加。日本では112社）（図表4-4）。

さらに，**国際標準化機構（ISO）**による**社会的責任（SR）の規格化**

図表4-4　国連グローバル・コンパクトの10原則

［人権］
　①人権の擁護
　②人権侵害に加担しないこと
［労働］
　③労働組合結成の自由と団体交渉
　④強制労働の排除
　⑤児童労働の廃止
　⑥雇用と職業に関する差別の撤廃
［環境］
　⑦環境問題の予防
　⑧環境責任を担うためのイニシアチブをとること
　⑨環境にやさしい技術の開発と普及を促進すること
［腐敗防止］
　⑩強要と賄賂を含むあらゆる形態の腐敗を防止するために取り組むこと

出所）グローバル・コンパクト・ジャパン・ネットワークのホームページから作成。

（ISO26000シリーズ）がすすめられ，2010年11月に発効した。これら各種機関によるCSRの基準・規格は，企業側の遵守を完全に確保できるものではないが，現代企業の行動規範として重要な意味をもつようになってきている。企業は容易にはこれらを無視しにくいのが実情であり，現代企業の行動は法律を遵守していくのみならず，社会規範によって求められる行動が必要になってきているのである。

このように，CSRの議論の活発化にともない，現代企業は社会を構成するステークホルダーの期待や要求に対して，可能なかぎり積極的な対応を必要とするようになった。

CSRの領域と現代企業の対応

上述のように，現代企業は社会への責任を遂行していく使命をより強く意識するようになった。企業として求められる対応は，法令を遵守するとともに，ときにはそれ以上の自主的な対応を行う例も少なくない。法令を守ればよいとの考えでは不十分であり，現代社会が期待する規範に沿った行動が求められるのである。

そのような企業と社会の関係をめぐって，現代企業はCSRにおいてどのような領域への関与を行うようになっているのであろうか。ここでは，ISO26000のSR規格における7つの中核主題を参考に（図表4－5），次の5つの具体的領域を眺めよう。日本企業の対応事例をあげていく。

①人　権

現代企業は，企業活動に関係する社内外のさまざまな人々の人権を尊重し，それを侵害することがないように努める必要がある。性別・年齢・人種・障害の有無などによって差別を受けない社会を実現していくのに，個々人の意識の向上もさることながら，企業として対応が求められることはいうまでもない。

たとえば，ノーマライゼーションの取り組みとして，わが国の障害者

図表 4 − 5　ISO26000における社会責任の領域

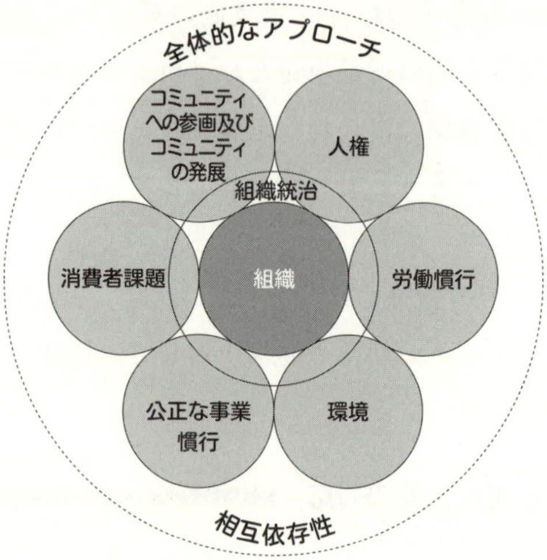

（全体的なアプローチ／相互依存性）

中核主題：組織統治、組織、コミュニティへの参画及びコミュニティの発展、人権、労働慣行、環境、公正な事業慣行、消費者課題

出所）ISO26000の「7つの中核主題」を参考に作成。

雇用促進法によれば，**障害者の法定雇用率**は，一定規模以上の企業に対して，従業員数の1.8%以上の雇用を義務づけている。それに達しない場合，企業に対して月々の罰金が課される。企業によっては，法が定める水準を超える障害者の雇用を行っており，たとえば**ユニクロ**を展開するファーストリテーリング社では障害者の積極的採用を実現している。

②**労働慣行**

労働者の権利に関して定める労働関連法規は，**労働三法**（労働基準法，労働組合法，労働関係調整法）のような基本的権利を規定するもののみならず，育児・介護休業法のような労働者の**ワークライフバランス**（仕事と生活の調和）を推進させる意図をもつものもある。たとえば，育児休業制度は，女性の社会進出を考えるうえで必要とされる制度であるが，わが国の場合，育児休業中の給付金は休業開始時の30%相当額とされる。

一方，法が定める基準とは別に，企業ごとにその給付水準は異なる。近年になって，その面で先進的な取り組みを志向する企業も増えており，

優秀な人材を獲得するための手段としても考えられるようになった。

③環　境

　現代社会は，天然資源の枯渇，環境汚染，気候変動，生態系の破壊などのさまざまな**環境問題**に直面しているが，企業の活動は，環境に何らかの影響を及ぼしており，個々の企業が中長期的視点を意識した**サステナビリティ（持続可能性）**活動に取り組むことが必要になっている。

　日本国内では，汚染予防，廃棄物処理，資源利用などに関する法律や条例がすでにあり，これらを遵守することが大前提となる。工場などの製造施設をもつ組織であればすでに環境関連の法令への対応は徹底されているところが少なくない。**王子製紙**は，紙の原料である木材を安定的に確保するための産業植林を行っている。

　また，**トヨタ自動車**は，車自体の排出物削減に取り組む一方で，世界各地で植林活動を展開している。また，EU（欧州連合）では，有害な化学物質（水銀，鉛，カドミウムなど）に対する使用制限規制を企業に課しており（**RoHS指令**），グローバル企業はEU域内への輸出等に際して，そのような対策を講じていかざるをえなくなっている。

④公正な取引

　企業として社会に対し倫理的な行動をとることが基本であり，不正な取引によって不当に利益を得ているような場合は，企業としての社会的責任を果たしているとはいえない。公正な事業慣行の課題として，汚職防止，公正な競争，下請企業との公正な取引などが求められている。わが国における主な法律としては，談合などの不公正な競争を禁止する独占禁止法，不公正な取引を禁止する下請法の2つがある。

　また，今日，発展途上国との公正な貿易取引を指向する**フェアトレード**を行う企業も少なくない（例：**スターバックス**）。フェアトレードとは，発展途上国でつくられた作物や製品を適正な価格で継続的に取引することによって，生産者の持続的な生活向上を支える仕組みである。フェア

トレード商品であることを示す認証などの仕組みなども整いつつある。

⑤**消費者・コミュニティ**

2009年の**消費者庁**の設立などからもわかるように，依然として消費者に関連する問題は数多く存在し，消費者課題に対する社会の意識は高まってきている。企業はみずからが提供する製品・サービスに対し責任をもち，製品・サービスが消費者に危害を及ぼさないようにすることが重要である。メーカーの製造責任を規定する**PL法（製造物責任法）**や**消費生活用製品安全法**などの法令が整備されている。

以前，パナソニックが起こした**石油ファンヒータ事件**では，15〜20年前に製造された製品の大規模な回収に伴い，企業としては多額の広告費・通信費を負担することになった。**企業イメージを落とす事件の発生に対し，これらの行動が企業の誠実さを示す事後対応であれば信頼回復も早くなるのかもしれない。

また，企業は自らが属しているコミュニティとの交流を通して，企業活動への理解を訴えていくことも重要な課題である。この領域で日本国内において法令などで定められていることは比較的少ない。そのため，よりいっそうの自主的な活動が企業に求められており，企業それぞれの特徴を活かしたかたちでの貢献が可能であるといえる。

たとえば，各種スポーツチームの運営を通じた地域支援や文化・芸術を通じた支援（メセナ活動）など多様な手段により，企業は社会貢献活動を行うことができる。このような活動は**フィランソロピー**と呼ばれる。

4 経営環境をめぐるさらなる課題

　本章では、2つのアプローチから、現代企業をとりまく環境の把握とその対応について理解を深めてきた。企業は、内部環境の整備を行いつつ、企業を取り巻く外部環境の変化に適応していくことが求められる。

　その際、一般環境を構成するさまざまな環境要因を考慮に入れて、それぞれの変化に留意していくことが必要となる。また、今日、企業をとりまく環境主体として社会への対応に配慮することが必要である。さまざまなステークホルダーが期待する水準を超えるような満足を提供していくことが、円滑な企業活動の遂行のうえで求められるようになった。

　他方、現代企業の環境対応に際してのさらなる課題は何であろうか。本章では、変化していく環境に対して、どちらかといえば**受動的な適応行動**を行う存在として企業をとらえた。あるいは、ステークホルダーとの関係については、双方のコミュニケーションなどにより相互関係を考慮に入れた見方を検討してきた。

　ここから、さらに発展した見方をあげるなら、個別企業が主体的に環境を操作ないしは創造していくことはできるのだろうか。たとえば、これまでにない新しい市場を創造した企業は、新規の環境創造に成功したともいえるであろう。また、外部環境の影響を比較的被らないタイプの事業を遂行する企業があるとすれば、それはそれで環境操作の対象を内部環境のみに限定できるはずである。さらに、企業による政治活動を通じた環境操作も産業によっては必要であり、その際には**ロビイング活動**を展開することも自社にとっての有利な環境創造につながるものと思われる。

　このような**企業による環境の操作・創造**についての見方について詳しく述べることができなかったが、企業の社会のなかでの影響力は増大し

てきており，企業が政治に及ぼす影響力の行使といった問題もこれからのテーマを形成していくであろう。

《参考文献》

梅田徹『企業倫理をどう問うか－グローバル化時代のCSR』日本放送出版協会，2006年

谷本寛治『CSR—企業と社会を考える』NTT出版，2006年

《いっそう学習（や研究）をすすめるために》

ピーター・ドラッカー『ドラッカー名著集13　マネジメント－課題・責任・実践』ダイヤモンド社，2008年
「知識労働者と知識社会化」，「年金運用と株式市場の変化」，「非営利組織の重要性」など重大な経営環境の変化を伝えてきた著者による代表的著作をあげておく。

マイケル・ポーター『競争の戦略』ダイヤモンド社，1995年
経営戦略論の代表的著作であるが，経営環境を考察するうえでの体系的な理解に役立つと思われる。

ロバート・ライシュ『暴走する資本主義』東洋経済新報社，2008年
社会における企業の影響力が増大するなかで，企業が政治に及ぼしている影響力を論じる。ウォルマート，スターバックス，ナイキなど，アメリカの著名企業のCSR活動が紹介されている。

佐久間信夫・田中信弘編『現代CSR経営要論』創成社，2011年
「企業の社会的責任」，「コーポレート・ガバナンス」，「企業倫理」，「環境経営」の４つのパートからなる16章の構成。CSRに関連する領域を包含するよう意図された。

《レビュー・アンド・トライ・クエスチョンズ》
① 経営環境の分類として，一般環境とタスク環境の区別を明らかにし，一般環境における5つの環境要因それぞれの具体例をあげて下さい。
② 外部環境の影響を受けやすい業種にどのようなものがありますか。反対に外部環境の影響を受けにくい業種はあるでしょうか。
③ 企業のステークホルダーをあげるとともに，それぞれに対し，企業が果たすべき役割を述べて下さい。また，現代企業がさまざまなステークホルダーの期待や要求に配慮するようになった事情を説明して下さい。

第 5 章

経営資源

本章のねらい

　本章では，企業が活動するうえで必要とするさまざまな資源，すなわち経営資源について学ぶ。経営資源は，企業活動の開始に必要不可欠なものであると同時に，活動が行われるなかで生み出され，企業内に蓄積されていくものでもある。そして，それらは事業を継続，発展させるために使われる。本章を学習すると以下のことが理解できる。

① 経営資源の具体的な内容とその特徴
② 経営資源を獲得し，活用するための方法
③ 経営資源に関する今日的課題

1 経営資源とはなにか

経営資源の意味

　経営資源とは，企業活動のもととなる**ヒト**，**モノ**，**カネ**，**情報**といった要素のことである。企業が活動を行ううえでは，必ず用意しなければならないものがあるだろう。レストランであれば，店舗や食器，調理器具であり，食材を購入するための資金や，調理人がいなければならない。このように，企業活動を行うために**必要不可欠**なものを経営資源と呼ぶが，同時にうまく行い継続・発展させていくために**必要**なものもある。たとえば，技術やノウハウ，顧客情報，評判や信頼といったものである。これらもまた，経営資源であり，企業活動のなかで獲得・蓄積されていくものでもある。

　経営資源とは企業が企業活動を行うため（財やサービスを生み出すための活動）に投入（インプット）するものであり，企業活動の場，担い手そのものであり，かつ，変換（スループット）の過程や，産出物（アウトプット）の市場における評価から還元（フィードバック）されるものである。このように考えると，企業とは経営資源の集合体なのである。

なぜ経営資源に着目するのか

　いま，あなたが戦国時代の武将になった様子をイメージしてほしい。自軍，敵軍が相い対し，これから戦わなければならない。そのとき，あなたはどうするであろうろうか。自軍と敵軍のもつ兵士の数，馬の数，武器・弾薬の量，食料や水の備蓄状況など兵力を総合的に分析して，陣形を整え，自軍に有利な戦い方を決めるであろう。また，平時においては，兵士を鍛えたり，米を蓄えたり，城壁を整備したりして，次の戦い

に備え，自軍の強化に努めるであろう。ここから，経営資源に着目する意味について考えてみよう。

　まず，経営資源の分析は，企業の力を正確に理解するために必要なものである。事業展開の可能性を検討する際には，自社（あるいは他社）がどのような経営資源をもち，競争優位はどこから生み出されているのかを知る必要がある。足りない資源は獲得しなければならないし，もてる資源は有効に活用する方法を考える。SWOT分析でも，「強み」，「弱み」といった内的要因の分析は，おもに経営資源の分析からなる。

　第2に，経営資源の把握は適切な戦略の立案に必要不可欠である。資源の裏づけなく立案された戦略は，実行不可能であり破綻する。もてる資源の有効活用を考えることは，多角化や事業転換の方向性，組織のかたちを決めるうえでも重要なことである。

　とくに，1990年代以降には，企業の内部資源の分析から競争優位の源泉を見出そうとする「**資源ベース論**」（RBV，resource based view）の戦略論が発展している。

　第3に，**経営資源は有限**なものである。外部からの調達によって短期に獲得できる資源もあるが，長期的な視野にたって内部での開発，育成に努めなければならないものもある。そのため，企業はつねに経営資源の新たな獲得，蓄積のための努力を行う必要がある。

2　おもな経営資源とその特徴

モノ・物的資源

　経営資源は，ヒト，モノ，カネ，情報の4つに分類される。ここでは，モノと呼ばれる「**物的資源**」の特徴をみてみよう。物的資源には，土地，工場，オフィスといった企業活動の場，生産機械や情報機器などの備品，

車両,原材料や部品などがある。ほとんどすべての物的資源は資金によって外部調達が可能である。一般的に物的資源は,価値が一定で,汎用性もあるので企業特異性が現れにくいが,長年の経験から生み出された特殊工作機械や金型などは,外部から購入することはできないので,競争優位の源泉となる企業の独自の資源といえる。

物的資源は,有形な資産であり使えば消耗する。そのため,維持保守計画や調達計画が必要である。メンテナンスによって価値を維持することは可能だが,最新鋭の設備導入によってコスト面で優位になったり,高性能,高品質な製品を生み出すことが可能になる場合もあるので,**設備投資**の計画も重要である。しかし,設備投資は巨額であるし,投下資本の回収にも時間がかかるので,トップ・マネジメントの重要な意思決定事項のひとつであるといえる。

カネ・資金的資源

現金,貯金,有価証券などの**資金的資源**はもっとも汎用性の高い資源である。資金的資源は企業の血液にも例えられ,企業が活動を行ううえで必要不可欠な資源である。資金的資源は,企業活動のはじめに投入(インプット)されるものであり,また,企業活動の結果として産出(アウトプット)された財,サービスが市場に送られた結果として利益となって企業に還元(フィードバック)されるものである。この循環によって企業はその生命を維持している。

経営者にとって資金の調達はもっとも重要な役割であるといえる。とくに**起業家**にとって,創業時の資金調達は最大の課題である。資金調達の方法としては,銀行からの借り入れ,公的金融機関からの借り入れ,地方自治体の制度融資の利用,社債の発行などがある。これら負債による資金調達はデッドファイナンスと呼ばれる。一方で,新株発行など増資,投資による資金調達は**エクイティファイナンス**と呼ばれる。近年,

図5-1　調達難易度による経営資源の分類

	＜可変的＞　易　←　　調達難易度　　→　難　＜固定的＞
資金的資源	他人資本（借入金・手形）　　　　　　自己資本（資本金・利益準備金）
物的資源	原材料　汎用性のある部品　建物　工場　設備　　金型　特殊工作機器
人的資源	アルバイト　派遣社員　一般従業員　　　経験ある社員　熟練技術者
情報的資源	統計・データ　データベース　情報　　知識　技術　ノウハウ　暗黙知
その他	企業文化　ブランド　信頼 　　　　　　　　　　　　　ユーザーコミュニティ　ロイヤルカスタマー

日本でもベンチャーキャピタルや，個人投資家（エンジェル）などエクイティファイナンスの担い手が増えつつあり，資金調達の選択肢は多様化している。

ヒト・人的資源

　経営者からアルバイトまで企業のなかで働くすべての人間をさして**人的資源**という。モノ，カネ，情報といったすべての資源を動かし，そこから価値を生みだすのはヒトであるから，人的資源は企業の根本といえる。人的資源の最大の特徴は，一単位あたりの価値が変化することである。

　まず，他の資源とちがいヒトには**意思**がある。そのため，企業は人的資源を完全に支配することはできない。人的資源が企業に提供する労働の価値は，本人の意思しだいで，量も質も大きく変化する。とくに重要なのは，**やる気**（モティベーション）である。どのように「やる気」を

引き出すのかは古くからの経営学上の課題であり，マズロー（Maslow, A.）の欲求5段階説，ハーズバーグ（Herzberg, F.）の動機づけ・衛生理論，マグレガー（McGregor, D.）のX理論・Y理論に代表されるように，さまざまな**モティベーション理論**が展開されている。

つぎに，ヒトはみずから**成長**することのできる資源である。ヒトは学習や経験によって能力，技術を高めることができる。そこで企業は教育，訓練など企業内での能力開発プランはもちろんのこと，組織外での学習機会の提供や，人的交流の推進など，成長を促すさまざまな工夫を行っている。

そして，**個性**があるというのもヒトならではの特性だろう。同じ能力，同じ働きをするものはひとつとしてなく，性格も考え方もそれぞれ異なる。職場との組み合わせ，仕事内容との組みあわせ，人間どうしの組み合わせによって，もたらされる結果が異なってくる。そこで，それぞれの適性に配慮して人材を配置すること，すなわち**適材適所**の配置が人的資源にはとても重要なのである。

また，価値観，信仰，生活習慣などヒトのもつ文化的側面も無視することはできない。グローバル化にともない，組織のなかに多様な文化をもつ人びとが混在するようになってきた。組織内でメンバーのもつ文化的背景のちがいに起因する軋轢（あつれき）やトラブルがおきないように調整し，さらには，円滑なコミュニケーションを促進して効率を上げていく必要がある。経営に**異文化マネジメント**が必要となる理由はここにある。

人的資源は，「知」や「熟練」といった高度な情報資源の蓄積媒体でもある。人に宿った「知」や「熟練」だけを切り離して利用することは不可能である。企業におおきな価値をもたらす人材は「**人財**」とも表現される。近年，日本では優秀な人材の海外流出が問題になっており，人財の確保は企業だけではなく，日本社会全体としての課題であるといえる。

情報・情報的資源

　情報的資源とされる「情報」は、ヒト、モノ、カネを効果的に活用するために必要とされる。情報的資源はそれ単体では存在せずに、他の資源と結びついて価値を生みだす。情報的資源の例としては、財務情報、市場情報、顧客情報、技術情報やノウハウなどがあげられる。そして、後述するが、**企業文化やブランド**を情報的資源に含める考え方もある。情報的資源は、事業活動のなかから生まれ、企業内に蓄積されていくものである。情報的資源は、蓄えたり（収集・蓄積）、伝えたり（伝達）、組み合わせる（整理・処理）ことによってさらに価値を増幅させることができる。

　一般的に「情報」と呼ばれるものは、「データ」、「情報」、「知識」に分けられる。

　データは、事実の記録、数値など「情報」になる以前の素材であり、関係づけや解釈はされていない。したがって、データは移行しやすく外部から調達することも可能である。

　情報は、データがある目的のもとで解釈、評価された結果である。つまり、情報は、情報受信者の判断と思考によって情報であるかどうかが決まる。受信者の目的に適合しない情報には価値がない。

　知識は、情報のなかから普遍性があり、価値があると判断された事柄が蓄積されて生まれるものである。知識には、価値観や専門性が反映されている。そして、学習、体験によってつねに更新され、新たな知識として創造されていく。

　企業内の知識のすべてを形式化してファイルのなかに保存することはできない。知識の多くは、日常業務、慣行、行動のなかに埋め込まれているものであり、明示的ではない。とくに、イノベーションを喚起するような高度な知識は、**暗黙知**としてヒトに宿るものである。たとえば、

長い経験により培われた技術とノウハウの結集である「**熟練**」は，それを会得したヒトと切り離すことはできない。したがって，「知識」の移行は大変にむずかしく，時間のかかるものである。

情報的資源を「**見えざる資産**」として，企業戦略における重要性を説いた伊丹敬之（2003）によれば，情報的資源は，①企業特異性がきわめて高い，②市場と通じた取引が不可能である，③同時多重利用が可能といった特性をもつという。そしてそれは，競争優位の源泉であり，変化への対応力の源泉であるという。

3 現代企業に必要とされる経営資源

新たに注目される要素

以上に解説したヒト，モノ，カネ，情報という基本の資源のほかに，どのような要素が経営資源と考えられるだろうか。以下に，経営資源として新たに注目されている要素をあげてみよう。

①企業文化

企業文化は，組織文化ともいわれ，**企業の個性**（パーソナリティ）といえるもので，企業風土，社風や企業カラーと表現されることもある。より具体的には，企業内のメンバーが共有している価値観，信念，目標，行動規範などの総体である。

企業文化は企業内のメンバーに対して，どのような場合に，どのような思考，態度，行動をとるべきかについての情報を与え，場合によっては，**公式の管理**（組織構造，管理体制，賞罰システム）よりも強力にメンバーをコントロールする。共通の文化をもつメンバーの間では意思決定は迅速化され，一丸となって行動することができる。そして，企業文化は，企業活動のあり方に大きな影響を与えるのである。

企業の活動が有効かどうかは，経済的な合理性だけでは決まらない。成果をあげるような戦略には「**よい企業文化**」の裏打ちが必要なのである。**ピーターズ**(Peters, T.)と**ウォーターマン**(Waterman, R.H.)の『**エクセレント・カンパニー**』でも，よい企業にはよい企業文化が存在していることが指摘されている。

　よい企業文化と考えられるものは実にさまざまで，「徹底した顧客志向」，「社員とその家族を大切にする経営」，「多様性を尊重する組織」，「公正公平の重視」などもあげられる。

　企業文化は，創業メンバーの強い意思や，事業を継続するなかで得られた成功体験，失敗体験，働いてきた人びとの**知恵**から成り立っている。

　企業文化が企業活動に影響を与えている例を考えてみよう。たとえば，**ホンダ**には創業者の**本田宗一郎**による夢や創造性の重視が企業文化として息づいている。企業キャッチフレーズは，"Power of Dreams"であり，自動車メーカーでありながら世界に類をみないユニークな人型2足歩行ロボットASIMOを世に送り出している。

　「文化」は測定することが不可能で，計画，実行，評価といったステップでマネジメントできるものではない。よい文化の醸成あるいは，よい文化への改革は一朝一夕ではなされないので，「よい企業文化」は企業にとって重要な財産であると考えられる。

②**ブランド，信頼，イメージ**

　ブランドとは，商標，イメージ，信頼の総体である。信頼は，長い時間を経て構築されるものであるから，模倣困難性をともない競争優位の源泉である。企業に対する「信頼」，「よいイメージ」というものは，顧客の側がもつものであるから，これは企業外に蓄積された情報的資源であるといえる。

　アディダスやナイキのロゴのように世界的に認知された商標は，グローバル市場にあって，言葉を必要とせずに一瞬にしてその商品の特性を顧

客に伝えることのできる強力な武器である。偽ロゴの使用やコピー商品など，企業が培ってきたブランドを盗む行為は，重大な経営資源の侵害である。新興国においても**知的財産権**の保護に関する法整備が急がれている。

③ロイヤリティ（忠誠度）の高い**顧客，ファン，コミュニティ**

阪神ファンや浦和レッズファンなど，チームが強いときも弱いときも変らず応援してくれるファンの存在はスポーツチームにとって財産といえる。

企業にとっても，**ロイヤリティ（忠誠度）**の高い顧客（ロイヤルカスタマー）は大切な資源である。企業に対する顧客のロイヤリティは，愛着やこだわりがもとになっている。そのため，ロイヤルカスタマーは，継続的に利用，購入してくれる「お得意さま」というだけではなく，よいと思ったことを自発的に周囲の人間に熱心に勧めてくれる，つまり，究極のセールスマンとなる存在である。

たとえば，**アップル社**には，MACers（マカー）と呼ばれるMacintosh（マッキントッシュ）の愛用者や，iPod，iPhoneなどの一連の同社製品を愛用するアップルファンがいる。彼らのような信者とも評されるほどの熱烈な支持者の存在が，**マイクロソフト社**の圧倒的なシェアのもとにあっても，アップル社に独自の存在感を与えている。

また，顧客の集団である**ユーザーコミュニティ**も注目すべき要素である。たとえば，無印良品はインターネット上に多くの愛用者コミュニティをもつブランドである。愛用者たちは，お金を払って商品を購入し，みずからモニターユーザとなって使用感などをコミュニティに情報提供してくれる。ときには，商品の問題点をいちはやく指摘したり，新製品のアイディアを提供してくれることもある。このようなコミュニティの機能に着目した**無印良品**は，顧客の声を集めて新商品開発を行う「無印良品モノづくりコミュニティ」を公式に立ちあげている。今後，企業はIT

を活用し消費者との間の情報の双方向性を高め，顧客の集まる「**場**」を積極的につくっていくことが必要となるであろう。

重要な資源とはどのようなものか

ここまで「経営資源」とされる要素の具体的な内容と特徴を学習してきたが，ここで「経営資源にはいろいろあるが，本当に重要な資源はどれなのだろうか」というひとつの疑問がうまれる。以下の3つの視点から検討してみよう。

①時代による重要度の変化

どの経営資源が重要であるかは，実は，時代や状況によって変化している。農業生産中心の封建時代までは，「土地（領地）」をもつことがすなわちパワーであった。産業革命以後になると，機械や工場を設立するための「**資本**」をもつ者がパワーをもった。その後，資本が豊かになると，資本以外のもの，つまり，「**技術**」や「**知識**」などが戦略的に重要になっている（片岡信之・齊藤毅憲他著『はじめて学ぶ人のための経営学』第6章参照）。さらに成熟化，サービス化の進んだ現代においては，どのようなものの重要度がましているか考えてみてほしい。

②調達難易度からの検討

経営資源の重要度を，調達難易度から検討することもできる。経営資源は，その調達難易度によって「**可変的資源**」と「**固定的資源**」とに分けられる。可変的資源とは市場からの調達が容易で，企業がそのときどきの必要に応じて保有量を調節できるものをいう。

他方の固定的資源は，外部から容易に調達することができず，その保有量を増減させるのに相当の時間とコストがかかるものをいう。外部調達が困難である以上は，長期的な計画のもとで，戦略的に獲得，蓄積していかなくてはいけない。他社との差別化や競争優位を形成するために必要なのは，この固定的資源である。したがって，固定的資源の企業経

営上の重要度は高いといえる。図表5－1は，調達難易度による経営資源の分類である。

③資源ベース論の戦略論

企業の内部資源に着目する資源ベース・ビューの戦略論でも，どのような資源が競争優位の獲得に有効であるかが論じられている。資源ベース論の代表的な研究者のひとりである**バーニー**は，戦略的に重要な資源の条件として，「**価値**」，「**希少性**」，「**模倣困難性**」，「**非代替性**」の4つをあげている。

つまり，ある資源が企業にとって，付加価値を生み出すものであるか，とても希少な資源であるか，模倣できない，もしくは模倣できても不完全にしかできないものであるか，ほかに代替する資源がないときには，そのような資源は，企業に持続的競争優位をもたらすものになるという。

4 経営資源の獲得・蓄積・活用

経営資源の獲得・蓄積

経営資源を獲得は，おおきくは**外部調達**か，**社内開発**かの2つに分けられる。

経営資源を外部から調達する方法には，市場からの購入，**ライセンス契約**，**アライアンス（企業提携）**，**M&A**などがあげられる。

社内開発には，企業内での資源配分の見直しや，新製品のための技術開発など，短期に獲得効果を見出せるものと，企業活動を行うなかで蓄積されるノウハウのように長い時間を必要とするものとがある。

とくに，人的資源の場合，どの企業で働くにも必要な能力（一般能力）は，短期的な研修やトレーニングによって獲得することができる。しかし，その企業で必要とされる能力（企業特殊能力）は，経験と教育なし

には獲得できない。そのため，能力開発，人材育成を含めた長期的視点に立った**人的資源管理（ヒューマンリソース・マネジメント）**が重要になる。

　効果的な獲得手段の選択はどのように行えばよいのであろうか。あらたな経営資源獲得のための戦略的意思決定のフレームワークをキャプロン＆ミッチェルは以下のように示している。

　はじめに，あらたに獲得すべき資源と企業内の**既存資源との関連性の度合い**を考える。もし，必要な資源が既存資源と関連が深く，それを利用する分野において競争優位にあるならば，その経営資源は社内で開発を行うことが最善である。

　もし，関連性がそれほど高くはなく，社内開発では不十分であるなら，ライセンスなどの購入契約を検討することになる。その際には，契約の当事者どおしが，**経営資源の「価値」について共通の理解**をもつことが必要である。その経営資源の現在の価値と，将来の価値の算定が食いちがえば，契約を履行することは不可能である。

　だが，必ずしも経営資源を評価するための知識が十分であるとはいえない場合，もうすこし幅広く，アライアンスを検討することもできる。アライアンスでは，共同研究，マーケティングのパートナーシップ，合弁企業の設立など，さまざまな形態を選択することができる。そして，継続的な関係のなかで経営資源を移転させることが可能となる。

　さらに，ライセンス契約やアライアンスでは，十分に資源を獲得できない場合には，M&Aを検討する。M&Aでは，既存資源と新たに獲得した資源，現在の資源と将来の展開などを総合的にまとめることができる。M&Aはてっとりばやいが手荒な手法である。M&Aには買収後にも統合と調整のためコストと時間がかかることを覚悟しなければならない。安易なM&Aは逆に企業の体力を奪うので注意が必要である。

　いずれにせよ，各手段は必要とするコストも時間も異なっている。そ

のため，経営資源の獲得は，単一の手段に頼るよりも，複数の手段を通じて行うほうが効果的であると考えられる。

経営資源の活用

当然のことながら，経営資源をただ保有しているだけでは価値を生み出すことはできない。経営活動における価値は，経営資源を企業独自の方法で適切に組み合わせ，活用することで生み出される。この経営資源を統合，調整する能力を**ケイパビリティ**（capability）と呼ぶ。ケイパビリティは，社員ひとりひとりがもつ能力というよりは，むしろ，組織の能力である。そして，ケイパビリティは競争優位の獲得に重要な役割を果たす。

同じ経営資源をもっていても，ケイパビリティが異なれば，生み出される価値もまた異なる。たとえば，複数の企業が同じITシステムを導入したとしても，そのシステムを誰がどのように運用するかによって，効果が異なるであろう。

経営資源は適切に組み合わせると，資源どうしの相互作用によってさらに効果や機能が増す。つまり，1＋1が2以上，3にも4にもなるような**シナジー効果（相乗効果）**を生み出すことも忘れてはならない。

ケイパビリティを高めるためには，**組織学習**が重要であるとされる。個人と同様に組織もまた学習するのである。組織が学習によって獲得するのは，知識やノウハウだけではない。環境変化に適応した判断基準，あらたな価値観といったものを含んでいる。組織が学習することができるかどうかには，システムだけではなく，リーダーシップや企業文化または企業風土といったものも関連している。

5 経営資源に関する今日的課題

経営資源の国際移転

　グローバル化が進展する今日，事業活動の国際展開にともなう経営資源の国際移転が課題となっている。通常，企業が海外に事業展開する場合，**競争優位の源泉**となるような経営資源は，本国本社（あるいは事業部）が保有している。したがって，海外で事業を行うためには，それら経営資源を海外子会社へと移転しなければならない。その際に検討すべきポイントを整理しよう。

　①**有効性の検討**

　ある経営資源が「価値」あるものであるかどうかは，環境によって異なる。本国本社（あるいは事業部）から海外子会社に経営資源の移転を検討する際には，まず，その資源が異なった環境において（つまり，移転先現地において）も，「価値」があるのか，有効性を発揮できるものなのかを検討しなければならない。

　②**適用可能性の検討**

　移転する経営資源は，そのままのかたちで海外に導入することができるものもあるが，多くの場合，現地の環境にあわせて調整する必要がある。なぜなら，経営資源はある特定の要素だけで効力を発揮するのではなく，他の要素と結びついて効果をもたらしているからである。移転資源が有効性を発揮するために必要な条件を整理し，異なる外部環境に適応させていく必要がある。

　たとえば，**小集団活動**による品質改善という方法を，人事慣行や労使関係が日本と異なる組織で，そのまま導入することはできないだろう。現地の慣行に受け入れられるかたちに修正して，勉強会や個人提案制度

の導入などで代替するといったことが必要になるのである（茂垣広志『国際経営―国際ビジネス戦略とマネジメント』第4章参照）。

③現地組織の検討

とくに，「知識」は，関連する分野からの情報と組み合わさって存在している。たとえば，開発部門のノウハウは，生産，調達，販売といったほかの分野からの情報によって高度化されている。複雑に絡み合った知識を移転するためには，関連分野の移転も検討しなければならない。

海外子会社側の資源の受け入れ態勢も重要である。知識や技術を移転する際には，受け手の側にもそれを理解するだけの十分な能力が備わっている必要がある。学習体制や実行体制の整備も欠かせない。つまり，情報資源の移転には，**受け手の能力にあった段階的なアプローチ**が重要ということである。

知識や技術の移転には，人的資源の移動が必要となる。本社からの派遣者の育成とともに，子会社から本社への**研修派遣**，**国際的な共同チーム**の立ち上げなど，活発な交流が知識の移転を促進する。また，派遣者と現地人材の双方が十分に能力を発揮できるように，**異文化間コミュニケーション**の視点にたった組織づくりも重要である。

④海外子会社での資源蓄積

海外での事業が進展するにしたがって，海外子会社でも独自の経営資源の獲得と創出が行われるようになる。グローバル経営の視点にたてば，海外子会社で獲得された資源の本社への移転，あるいは，海外拠点間の移転が重要となる。**企業ネットワーク**全体で経営資源が共有されることが，全社的な競争優位の獲得につながるのである。

未利用資源の発掘と活用

未利用資源とは，利用価値があると考えられるが，まだ十分に活用されていないモノをいう。たとえば，たい肥やモミガラなど，自然素材，

農林水産系の廃棄物などが多くあげられる。これらは，**地域活性化**のための有力な物的資源として注目されている。

社会のなかにある未利用資源はモノだけではない。2010年の日銀資金循環統計によれば，日本の個人金融資産合計は1,450兆円を越えており，その半分以上が現金・預貯金であるという。また，企業の内部留保金も200兆円を超えている。公的年金や企業年金も日本では積極的に運用されることがない。これらの資金を，新分野の開拓や，ベンチャービジネスや起業家への投資，NPOや**社会起業家**への支援などに積極的に活用することを考えたい。そのような投資は，社会のなかの未利用な「知」の活用にもつながり，また，雇用の創出も期待できる。

人的資源についてみれば，**ダイバーシティ・マネジメント**の取り組みが大企業を中心にはじまっているものの，**女性人材**，**高齢者人材**の活用はまだまだ進んでいない。とくに女性の場合は20代〜40代の，男性なら働き盛りとされる年齢に，結婚，出産，育児を理由に離職せざるを得ない現状がある。日本の現在の雇用制度においては，いちど途切れてしまったキャリアを復活させることはむずかしい。そのため，多くの女性の能力が社会に活用されないままになっている。また，**雇用リストラ**により離職した人材や，定年退職した人材が中国やベトナムなどの新興国に職を求め，技術やノウハウが流出するという問題もおきている。雇用のあり方を見直し，社会全体で人的資源の活用を考える時にきている。

このように，社会のなかに埋もれている未利用の資源を発掘，活用し，社会を活性化していくことは，**CSR**のひとつであると考える。

《参考文献》

伊丹敬之『新・経営戦略の理論（第3版）』日本経済新聞社，2003年

伊丹敬之・他編著『組織能力・知識・人材（リーディングス日本の企業システム第2期第4巻）』有斐閣，2006年

片岡信之・齊藤毅憲他著『はじめて学ぶ人のための経営学入門』文眞堂，2008年

経営学史学会編『経営学史事典』文眞堂，2002年

片岡信之・遠山暁・村田潔・岸眞理子『経営情報論（新版）』有斐閣，2008年

茂垣広志編著『国際経営―国際ビジネス戦略とマネジメント』学文社，2006年

吉原英樹他著『日本企業の多角化戦略―経営資源アプローチ』日本経済新聞社，1981年

バーニー，J.B.著，岡田正大訳『企業戦略論　競争優位の構築と持続』ダイヤモンド社，2003年

ピーターズ，T., ウォーターマン，R.H.著，大前研一訳『エクセレント・カンパニー』英治出版，2003年

キャプロン，L., ミッチェル，W.「最適な経営資源の獲得方法」『ダイヤモンド・ハーバード・ビジネスレビュー』2010年11月号，ダイヤモンド社，pp.70-79

《いっそう学習（や研究）をすすめるために》

伊丹敬之『新・経営戦略の理論（第3版）』日本経済新聞社，2003年
多くの事例とともに，「みえざる資産」すなわち情報的資源の重要性と，その蓄積，活用の方法を解説している。経営資源と戦略の関係を理解するには最適な一冊。

小林秀司著，坂本光司監修『元気な社員がいる会社のつくり方「日本でいちばん大切にしたい会社」から学ぶ理念経営』アチーブメント出版，2010年
経営資源そのものについて解説した本ではないが，さまざまな業界の注目企業の事例を読むなかで，人的資源の特徴と重要性について理解を深めることができる。

《レビュー・アンド・トライ・クエスチョンズ》
① 身近な企業を例に，その企業に競争優位をもたらしている経営資源はなにかを考えて下さい。
② 本章でとりあげたもの以外に，今後，どのような要素が経営資源として注目されるだろうか考えて下さい。
③ 人的資源の価値を増大させるために，企業はどのような工夫をしているだろうか。

第6章 経営戦略論

本章のねらい

環境変化のなかで企業はどのように活動したらよいのであろうか。どうしたら生存でき、発展していけるのであろうか。本章ではそのための考え方として経営戦略論をとりあげる。

① 経営戦略論の2つの視点
② 経営戦略論の主な系譜
③ 初期研究とその後の研究の特徴

1 経営戦略論の視点

経営戦略論の議論は広範にわたっている。多くの研究者が経営戦略論についてさまざまな分類を行っている。本章では大きく2つの視点から経営戦略論についてみていくことにする。

ひとつの視点は戦略の階層（2つの戦略）についてである。ひとつは**競争戦略**（あるいは**事業戦略**）であり，もうひとつは**企業戦略**（あるい**全社戦略**）である。競争戦略とはその企業が参入している各産業分野において，いかに競争優位を生み出すかを目的にしている。企業戦略とは，どの事業分野に参入するか，さまざまな事業単位をどのようにコントロールしてくかということの意思決定についての問題である。

2つの戦略の間には大きな違いが存在している。ひとつは戦略の策定の目的がそもそもなんであるかということである。競争戦略は利益の追求（**利益の極大化**）を目指しているのにたいして，企業戦略は株価の追求（**企業価値の最大化**）を目指している。

企業にとって成長とは多角化であった時代には，企業戦略が注目されていた。しかし，多くの企業戦略は各事業の内容の違いを意識したものではなかった。実際には，企業戦略が成功するためには，まず各事業単位が競争優位を獲得するための確固とした競争戦略を打ち出す必要がある。

そのために考えなければいけないことが，2つめの視点，成功のための源泉がどこに存在しているかである。成功のための源泉は，いくつか存在する。ひとつめは，市場には**潜在的な利益機会**が大きい業界が存在していて，そうした業界を適切に選択することができるか，あるいはそうした業界において最適な行動をとることができるかに，成功の源泉を求める考え方である。

企業戦略はどの事業分野に参入するのか，あるいは企業価値の最大化を目的とするように，企業がどの事業分野に投資をすることが望ましいかといったことに重きを置いている。そのため企業戦略を成功させるには投資先の産業がどれだけ効果的に利益を生み出してくれるかが重要な意思決定材料になる。企業戦略では，PPM（プロダクト・ポートフォリオ・マネジメント）や戦略的事業計画グリッドなどの市場成長率や産業魅力度によって事業評価を行う分析ツールによって投資の意思決定を行っていた。

　また，事業ごとの競争戦略においてもその事業がいかに魅力的であるかと判断するためには業界の競争構造の分析が重要となる。業界の魅力度を測定する分析枠組みとしては**マイケル・ポーター**（Porter, M.E.）の「**ファイブフォース分析**」が有名である。魅力的な業界構造とは潜在的な利益機会が大きい業界であり，この分析手法は業界の収益性を決める5つの競争要因から業界の魅力度を説明している。利益機会が大きく，収益性が高い業界を選択し，競争が激しく，利益が出にくい業界への参入を回避することは，他の企業との競争においても重要な問題となる。こうした業界構造に成功の源泉を求める考え方は，企業を取り巻く外部の環境を重視するものである。

　それにたいして，2つめの考え方は企業の内的要因に**成功（競争優位）の源泉**を求めるという考え方である。産業や業界における高い収益性は，**参入障壁**が存在していることによって保たれているものの，時間の経過とともに産業には新たな競合企業が増えていき，産業の魅力度は低下していくことになる。

　それではある企業の成功はつねに一定期間しか持続できないのだろうか。実際には，企業による選択は，各企業の保有する資源と新たな資源を獲得，蓄積する能力の差によって制約される。この考え方は，そもそも企業は異なる「**経営資源の束（組合せ）**」をもっていて，企業の優れ

た業績，すなわち成功の源泉はこうした経営資源の独自性によってもたらされるという前提に置かれている。また企業の競争優位の源泉となる経営資源は，競合他社による複製が困難なものであることによって，企業に持続可能な競争優位をもたらす。

このように経営戦略論には，①「全社戦略」あるいは「企業戦略」と呼ばれる全社レベルの戦略と，「事業戦略」あるいは「競争戦略」と呼ばれる事業レベルの戦略の，2つのレベルが存在していること，②企業の業績を左右する企業の成功の源泉を，産業構造によって決まる**「市場の魅力度」**といった企業の外部環境に求めるのか，企業のもつ経営資源あるいは**「企業の能力」**といった内部要因に求めるのか，という2つの大きな特徴がある。

2　経営戦略論の展開と発展

それでは，こうした特徴が生まれた背景を理解するために，まず経営戦略論の歴史について簡単に振り返る。経営戦略論は，経営学においても比較的未熟な分野であるとされている。実際に，今日でも企業環境の変化に対応するために，つぎつぎと新しい戦略が生まれている状況にある。そもそも軍事用語であった戦略の概念が経営に導入され始めたのは，1950年代のことであった。

経営戦略論の父として知られる**イゴール・アンゾフ**（Ansoff, H.I.）が，企業は競争力を高めるために，将来直面するであろう課題に対応するために適切な戦略的計画の立案を行っていく必要があるということを主張するまで，経営は企業内の組織管理や従業員の行動に関する議論がほとんどで，将来についての計画立案やそのための意思決定については研究されていなかった。アンゾフの研究の特徴は，**「製品」**と**「市場」**を軸に**「新規」**と**「既存」**という基準を加えた4つの分類によって**多角**

化戦略について説明し，その潜在的利益について分析・評価する手法を提示したことにある。

その後，企業戦略，とくに戦略立案・策定のための主要なアイデアは1970年代に，**ボストン・コンサルティング・グループ**（BCG）などのコンサルティング会社によって生み出された。それは，複数の事業を展開している企業が最も効率的な製品・事業のポートフォリオを決定するための分析手法であり，**プロダクト・ポートフォリオ・マネジメント**（PPM）とよばれるもので，BCGはとくに成長率と市場シェアの2つの次元から分析を行っている。PPMは1970年代から1980年代にかけて，多角化企業における資源配分のために広く活用され，同種の戦略立案のための分析手法が考案された。PPMは戦略的課題として各事業の現状と将来性を評価し，収益性から正しい投資判断を行うことを目的としている。

一方，事業戦略は1960年代から1970年代ごろに経営政策の研究者によって示されたものである。**アンドリュース**（Andrews, K.）は戦略計画を考えるときに，企業の内部環境の**強み**（Strength）と**弱み**（Weakness）と外部環境にある**機会**（Opportunity）と**脅威**（Threat）の4つの要因から経営方針を選択するという分析手法（SWOT分析）を提唱した。

SWOT分析の特徴は，企業が外部環境の機会と脅威への対応と内部要因である強みと弱みの強化・克服を別個のものとして考えるのではなく，両者の適合性に着目したことにある。こうした発想にもとづくならば，事業戦略の主要な課題は，企業の内部資源が活用できるような市場のポジションを選択することにある。

1980年代にはいって，ポーターが産業組織論の概念やミクロ経済学の応用によって競争環境における機会と脅威の分析を提供したことを契機に，経営戦略論における理論研究が盛んになった。競争戦略については，**SWOT分析**にみられるように，市場でのポジショニングが競争優位を生

じさせるという主張からはじまっている。ポーターは、「**産業組織論**」のS-C-P（産業構造－産業行動－産業成果）分析に関する議論を、企業の市場における優位性へと応用することで、新たな競争戦略の理論化を試みた。ポーターは、市場におけるポジショニングによって、いかに企業は競争優位性（とくに市場構造における企業の独占力による競争優位）を獲得するかということを、5つの競争要因の観点から説明している。

こうした外部環境におけるポジショニングを重視する競争戦略論に対して、**経済的レント**や企業のパフォーマンスの源泉として企業がもつ経営資源やケイパビリティの役割に着目する研究、いわゆる資源ベース論（Resource-Based View, RBV）という研究プログラムが登場した。**ワーナーフェルト**（Wernerfelt, B.）、**ルメルト**（Rumelt, R.P.）、**バーニー**（Barney, J.B.）ら「資源ベース論」の研究者は、企業のもつ資源はそれぞれ異なっており、その資源は移転困難なものであるとした。こうした企業のもつ固有かつ異質な資源が、企業が獲得する経済的レントに違いを生み出し、これが結果として企業の持続的競争優位を生じさせるというのが資源ベース理論の主張である。

初期の資源ベース論は、固定化された経営資源を競争優位の源泉として扱っていた。1990年代以降の資源ベース論の研究では、持続的競争優位を実現するものは、企業のコアとなるものを学習・獲得・活用する能力に着目をしている。バーニーは経営資源とは戦略を遂行する企業がもつすべての資産、それには企業の属性（**コア・コンピタンス**）、情報、知識などが含まれはするものの、こうしたコンピタンスや資源の結合や、環境変化に対応するためのコンピタンスの統合や再構築といった動的な企業の能力（**ダイナミック・ケイパビリティ**）には触れていなかった。

近年、ダイナミック・ケイパビリティー・アプローチに関するさまざまな研究が行われているが、ダイナミック・ケイパビリティがなんであるかについては、いまだ明確な定義はない。資源ベース論における企業

内の資源・ケイパビリティを新しく開発・結合・調整する学習能力は，経営資源のストックの側面よりもそれを調整するフローとしての側面を強調しているという意味においては，よりダイナミックな視点ではあるものの，企業が独自のケイパビリティを構築して競争優位を獲得するという点では，企業内部の固有で異質な資源が競争優位の源泉であるという発想と同義だといえる。

　しかし，これにたいしては，**クリステンセン**（Cristensen, C.M.）の主張するイノベーションのジレンマや**レオナルド-バートン**（Leonard-Barton, D.）のコア・リジディティなど，現在のコア・ケイパビリティを強化することは，かえって企業の優位性を喪失させることにつながるという批判がある。

　この解決として，**ティース**（Teece, D.J.）らダイナミック・ケイパビリティの研究者は，企業内部のケイパビリティを外部環境にいかに適応させるか，そのためにどのように従来のコア・ケイパビリティを変更させるのかという，外部環境への適応能力こそがダイナミック・ケイパビリティの基礎をなすものであるとした。今日の企業環境の変化は，「**ドッグイヤー**」と呼ばれるほど，技術革新が激しい時代となった。こうした時代においては，持続的競争優位は特定の資源やケイパビリティによってもたらされるのではなく，競争優位を維持するために継続的に変わりつづけることを可能にする組織や戦略が必要とされる。

　経営戦略論は，戦略立案を行うための分析手法の開発・精緻化によってはじまった。アンゾフによる外部環境分析のための統計手法や製品市場マトリクスによる戦略の方向性の決定，PPMによる効率的な製品・事業の組合せの決定，その後のポーターをはじめとする外部環境に焦点をあてる**ポジショニング・アプローチ**など，こうした分析手法は戦略立案プロセスを活性化させた。

　しかし，こうしたアプローチは，分析を重視しすぎて，戦略策定のた

めの戦略的思考を無視し，戦略プランナーへの集権化や官僚化を招いたなどの批判をミンツバーグ（Mintzberg, H.）をはじめとする多くの研究者によって受けた。そして外部環境分析を重視した結果，戦略の同質化や模倣の容易であるといった批判を受けて，企業ごとの収益性の差を説明するために，企業の保有する内部資源に着目する立場である資源ベース論が登場した。

その後，資源ベース論は，自社にとって重要な経営資源がなんであり，それをどのように獲得・蓄積するかという論点へと拡がり，組織の生産サイド，知識，技能，学習能力といった面から企業の戦略行動を考えるケイパビリティ論やダイナミック・ケイパビリティ論へと競争戦略の研究対象も移りつつある。以下では，これらのフレームワークについて説明する。

3 企業戦略フレームワークの初期研究

多角化戦略

アンゾフは，戦略設定および戦略的意思決定の系統的手法を確立したといわれている。彼は『企業戦略論』（*Corporate Strategy*, 1965）において，競争環境の激化やM＆Aや多角化への関心の高まりに対応するためには戦略的問題への取り組みは無視できないとし，適切な戦略的計画の立案が重要であると主張した。

アンゾフの主張は多角化に重点をおいており，多角化のための選択基準について解説している。彼の示した**アンゾフ・マトリクス**（製品－市場マトリクス，成長マトリクス）は，成長戦略を製品と市場の2軸を既存・新規に分けることで「市場浸透」「市場開拓」「製品開発」「多角化」の4つの戦略に分類するものである。

①**市場浸透戦略**とは，既存の製品を既存の市場で売上を増加させることを目指している。既存顧客から売上を拡大するために，他社との競争に勝つことで市場シェアを高める戦略である。

②**市場開拓戦略**とは，新規に顧客を開拓して，既存の製品の売上高を増加させることを目指している。既存の製品に，たとえば地理的に新しい市場に進出するあるいは顧客セグメントを広げるといった新しいミッションを適用する戦略である。

③**製品開発戦略**とは，既存の顧客層に向けて，新しい製品を開発して販売することで売上を増加させることを目指す戦略である。現在のミッションを維持し，さらにそのパフォーマンスを改善するような，いままでとは異なる特性を備えた製品を開発する戦略である。

④**多角化戦略**とは，新しい製品・市場に進出し，新しい事業を展開することで成長を図る戦略である。多角化以外の戦略は，既存の製品ラインと，同じ資源を利用するが，多角化はまったく新しいスキル，技術，設備を要求するため，リスクがともない物理的かつ組織的な構造改革が必要となる。

1980年代には無軌道な多角化が数多く行われるようになり，多角化戦略自体が失敗であるような論調がみられるようになる。しかし，本来，多角化の際に要求されるこうした新しい資源の調達・獲得に関して既存事業との関連性の違いに応じて，さらに「水平型」「垂直型」「集中型」「集成型」の4つに分類される。

①**水平型多角化**とは，同じ分野で事業を広げるタイプの多角化である。そのミッションは，現在の技術，財務，およびマーケティングやノウハウを利用することで実現可能である。

②**垂直型多角化**とは，現在の製品の川上や川下に対する多角化である。コンポーネントや部品，基本素材の製造分野に参入することや，自社製品の直販に乗り出すことによって，新しいミッションの提供と新製品の

市場へ投入といった両方の目的を実現する。

　③**集中型多角化**とは，現在の製品と関連のある新製品を新たな市場へと投入する多角化である。現在，企業のもつ資源の**シナジー（相乗）**効果を狙う，あるいは特定の中核技術に関連する分野に進出することで目的を実現する。

　④**集成型（コングロマリット型）多角化**とは，まったく新しい製品を新しい市場に投入し，業界を超えて事業展開する多角化である。垂直的多角化と水平的多角化が対象を限定しているのにたいして，広い範囲での事業展開が可能である。このように多角化には，製品特性を変更するものもあれば，製品ミッションを変えるものもある。それぞれの戦略は，成長性，安定性，柔軟性を実現するために予想される市場環境と製品－市場戦略のバランスを図るように設定されることとなる。

プロダクト・ポートフォリオ・マネジメント

　多角化企業が事業再編を進めるために，全社レベルの資源配分の視点から，各事業や製品・サービスにおける戦略的位置づけを把握するための経営手法として登場したものが，PPMである。BCGが採用した**PPM**のひとつは，市場の成長率と相対的市場シェアの2つの視点から構成されるマトリクス（成長率・市場占有率マトリクス）によって，企業が展開する製品や事業ごとのキャッシュフローを評価し，拡大，維持，収穫，撤退といった行動を決定する。製品・事業は市場成長率と市場シェアによって，「金のなる木（Cash Cow）」「花形（Star）」「問題児（Question mark）」「負け犬（Dogs）」の4つに分類される。

　①**金のなる木**は，新規の設備投資がかからず，キャッシュを生み出す。
　②**花形**は，大きな売上をあげる一方，市場の成長に合わせた投資を続けていかなければ市場シェアを維持することができない。市場が成熟したときにシェアを維持できていれば，花形は金のなる木に変化して，多

額のキャッシュを生み出すことになる。

　③**問題児**は，新規事業であることが多く，**市場シェアを増やすために**は積極的な投資が必要となる。それによって市場シェアが拡大できれば問題児は花形へと変化する。

　④**負け犬**は，成長がとまっており，マーケットシェアもない状態でキャッシュフローには貢献しないため，基本的には撤退すべき事業である。

　このように，BCGマトリクスでは各製品・事業の分類によって**キャッシュフロー**が異なることが明確に示される。多角化された企業は，PPMを用いることで最適な資源配分を行い，本当の成長機会を手にすることができる。バランスのとれたポートフォリオとは，負け犬からは速やかに撤退し，金のなる木から供給される資金をもとに，花形や問題児に投資を行うことで企業をさらなる成長へと導くものである。こうした分析手法は，非常に明確で誰がみても理解がしやすく，容易に選択肢を導くことができる。

　しかし，PPMなどの分析手法や戦略立案ツールの説明力には限界がある。PPMはある時点における市場成長率とシェアによる事業の評価でしかないことや，その時点のキャッシュフローをもとに，事業に対する**投資か，撤退か**という決定を行うことで，事業の将来性を見誤ることもありうる。

　アンゾフは，多角化にかかわる外部要因，企業と環境の関係について取り上げ，多角化戦略の潜在的収益性を測定する手法を編み出したものの，潜在的収益性を十分実現できるかどうかを左右する内部要因については取り上げていない。また，PPMは相対的市場シェアによって企業の競争優位を評価するが，市場シェアがどのような要因から生じたのかについては議論されていない。多角化戦略についての議論では，事業間のシナジー（相乗）効果についての分析が及ばない場合がほとんどである。

　これは内部要因，とくに技術的な競争力が判断の要因になっていない

ためである。こうした多角化戦略を中心とした企業戦略は財務主導の分析であり，既存事業に対する戦略の変更に対する分析はできるものの，新分野を発見し，そうした事業への進出といった企業の長期的な競争力の議論を展開することがむずかしいといった批判がされている。

4 企業戦略フレームワークの発展

ファイブフォース分析と基本戦略

　ポーターが産業組織論の概念およびミクロ経済学の応用によって展開した経営戦略論は，外部環境の条件と内的戦略との関係に対して体系的な分析アプローチを提供した。彼は，市場シェアの獲得は，競合企業との競争によるものだけではなく，むしろ産業内の競争は産業構造に支配されると主張し，競争に影響を与える5つの競争要因を指摘した。

　ポーターによる競争分析モデル（5つの競争要因：5 Forces）は，産業の収益性は，5つの要因の相互作用やそれぞれの影響力の大きさによって決定され，競争戦略を立案する際，どの競争要因を意識するかが，もっとも重要な問題となるとしている。この5つの競争要因は「新規参入の脅威」「売り手（供給業者）の交渉力」「買い手（顧客）の交渉力」「代替製品・代替サービスの脅威」「競合企業の脅威」に分類される。以下でこれを説明していこう。

　①新規参入の脅威

　現在の参入障壁は，どれくらいの高いのか，既存の企業がどの程度の力をもっているかによって変わってくる。この場合の参入障壁には，「規模の経済性」「製品差別化」「規模に関係のないコスト優位」「政府の政策」などがある。とくに，規模の経済が働きやすい産業や既存企業が強力である場合には，新規参入がむずかしい。

②売り手（供給業者）の交渉力

　自社と供給業者の関係によって決まる。少数の供給業者がその産業への供給を支配している，供給する製品の独自性が高く，あるいは競争製品と差別化されている，あるいは**スイッチングコスト**が高い，供給業者が**川下産業**に進出する可能性がある場合，供給業者にとって，自社があまり重要でない場合などに，供給業者は脅威となる。

③買い手（顧客）の交渉力

　自社と顧客の関係によって決まる。顧客の数が少なかったり，大量に購入していたりする場合，顧客が調達する製品が，標準的もしくは差別化されていない場合，顧客が別の供給業者から調達が容易である場合に，納入価格の引き下げの要求をしてくる，などの脅威がある。

　また，顧客が調達する製品が，製品コストにおいて大きな部分を占めている場合や利益が薄く，調達コストを引き下げたいというインセンティブが顧客に強く働いている場合に顧客は利益率を改善するためにより有利な価格を求めて供給業者を選別しようとする。顧客は究極的には川下統合することで，供給業者の製品を内製しようとする。

④代替製品や代替サービスの脅威

　代替製品や代替サービスの登場は競争激化の要因となり，産業の潜在的収益性を悪化させる。競争戦略上，もっとも警戒すべき代替製品は2種類ある。ひとつは，自社が属する産業の製品をコスト・パフォーマンスで上回る傾向にあるもの。もうひとつは，収益性の高い産業が生産しているものである。今日では，5つの競争要因のなかでも，もっとも注意をしなければいけない脅威である。

⑤競合企業の脅威

　産業内のポジションは，競合環境の結果として生じる。ライバルが無数に存在していて，そうした企業が規模や影響力の面でほぼ同等である場合に競合企業との競争が激しくなる。また，産業の成長率が低かっ

り，製品やサービスの独自性が乏しく，スイッチングコストを上昇させることができない場合には産業自体が厳しい競争状態にあるといえる。

こうした産業内の競争を左右する5つの競争要因を把握することによって，自社の能力を最大限に発揮できるポジショニングをとることも可能であり，そのポジショニングを改善する行動あるいは，環境変化を予測して，変化に見合った戦略を選択することによって競争優位を築くことができる。この際に選択される戦略はコスト・リーダーシップ戦略，差別化戦略そして集中戦略の3つの基本戦略に分類することができる。

コスト・リーダーシップ戦略とは，市場内の同業他社よりも低いコストによって競争優位を実現する戦略である。具体的には，大規模な生産設備への投資，規模の経済性，高いシェアによるオペレーティング・コストの低減などによって実現される。

つぎに，**差別化戦略**とは，独自の製品・サービスを開発し，業界のなかで競合他社よりも高い付加価値を提供することで競争優位を実現する戦略である。ブランドイメージ，製品の技術・品質・デザイン，サービス，販売チャネルなどの差別化により高いマージンを実現できる。集中戦略とは，特定の市場セグメントに対して経営資源を集中することによって競争優位を実現する戦略である。

さらに，**集中戦略**とは，特定の市場セグメントにたいして経営資源を集中することによって競争優位を実現する戦略である。集中戦略は，細分化市場において，差別化に戦略を絞り込む差別化集中戦略と，コストの削減に取り組むコスト集中戦略の2つに分類することができる。

一般にポーターの戦略論が批判をされるのは，業界におけるポジショニングに適合的な特定の戦略を追求することに競争優位の実現を求めたことにある。たとえば3つの基本戦略は本来，必ずしも排他的な戦略ではない。むしろ今日では，これらの戦略を同時に追求することが競争優位の実現には不可欠であると考えられる。

資源ベース論

資源ベース論は，企業の**競争優位の源泉**として，企業ごとに異質で，複製に多くのコストがかかるリソース（経営資源）に着目するフレームワークである。資源ベース論は2つの仮定にもとづいている。第1の仮定は，企業は**経営資源の束（集合体）**であり，企業がもつ経営資源はそれぞれ異なっているという，企業ごとの経営資源の異質性に着目したものである。第2の仮定は，経営資源には，他社が複製するためのコストが非常に大きく，資源自体の供給が非弾力的なものがあるという，経営資源の**固着性**に着目したものである。

企業が，経営の外部環境に存在する機会を活用し，脅威を無力化することができる経営資源を保有している。その経営資源を保有する企業の数がごく少数であり，複製コストが非常に高いか供給が非弾力的である場合に，その経営資源は競争優位の源泉すなわち強みとなるというのが資源ベース論の基本的な考え方である。

経営資源や企業能力を指す**ケイパビリティ**という言葉の区別については多くの研究が存在しているが，実際の企業においては，これらの内容は非常にあいまいである。重要なことは，競争力の源泉となりうるものは企業内部に存在し，各企業がもつ固有の異質性によって，企業の競争優位を特徴づけることができるということである。

バーニー（1991）は，企業のもつ経営資源の異質性と固着性について，**VRIOフレームワーク**によって4つの条件から説明をしている。経営資源は，①経済的に価値をもち，②希少であり，③模倣困難性をもち，④それを活用できる組織があるという4つの条件を満たしている場合に，異質性と固着性を有し，そうした資源をもつ企業は，他の企業による模倣や複製を防ぎ，独自の戦略によって競争優位を獲得することができるとした。

資源ベース論では、とくに**模倣困難性**が重要な概念となる。経済的価値をもち、かつ希少な経営資源を有する企業は、他の企業に比べて先行者優位を獲得することが容易になる。しかし、こうした経営資源を獲得するにあたって他の企業にコスト上の劣位が存在しなかった場合、先行者優位を獲得した企業の競争優位は、すぐに失われる危険性がある。

この場合、最初に成功した企業は、持続的競争優位を手に入れるために**模倣コスト**の大きい経営資源を保有する必要がある。模倣コストを高める要因としては、①独自の歴史的条件、②因果関係の不明性、③社会的複雑性、④特許、の4つの条件があげられる。

①独自の歴史的条件

歴史的条件あるいは「**経路依存性**」という概念は、しばしば企業の経営資源の獲得プロセスを説明するうえで用いられる。企業が特定の資源を獲得、調達、活用する能力は企業独自の発展プロセス、つまり過去に取得した経営資源、によって形成されていることがある。また、かつては低コストで獲得可能であった経営資源も、現在では高価で入手困難なものであるかもしれない。このように長い時間をかけて獲得された経営資源を模倣することは困難である。

②因果関係の不明性

因果関係不明性とは、その競争優位の源泉がどの経営資源によってもたらされているかが不明である場合を指す。これは3つの理由によって生じる。ひとつめは、経営資源やケイパビリティが、その企業にとって、あまりに当然で気がつかないものであるケースである。組織文化、企業内の人間関係、顧客やサプライヤーとの関係性などは、他から把握しづらい企業独自のものである。2つめは、競争優位の源泉と思われるいくつかの経営資源が特定できても、競争優位がある単独の資源によるものか、あるいはいくつかの組合せによるものなのかが特定できない場合である。3つめは、現実には少数ではなく、企業内の無数の資源が関与し

ていて，競争優位をもたらす資源が特定できない，すなわち資産の相互関連性，資産集合の効率性によって模倣困難性が生じている場合である。

③**社会的複雑性**

模倣困難性の3つめの理由は，経営資源の結びつきや関係が複雑であり，企業がこうした経営資源の管理やコントロールをすることができない場合である。競争優位をもたらす因果関係が不明なわけではなく，経営資源が社会的に複雑であり，経営資源の開発が困難か，あるいはコストが非常に高くなることを指す。たとえば，長期的な取引関係における企業の信用は，複雑な社会的関係によって成立しているために模倣困難なのである。

また，物理的に複雑な技術と社会的に複雑な経営資源の組合せは持続的競争優位の源泉となりうる。たとえば，**経営情報システム**はさまざまな経営資源と結びつくことによって持続的な競争優位をもたらすものであるといえる。他社と同じハードウェア・ソフトウェアを利用して情報システムを構築することは可能である。しかし，情報システムが十分に機能するためには，設計段階から各企業の意思決定プロセスや業務プロセスを反映させることが必要となる。多くの企業が情報システムを構築に多大なコストを必要としているのは単純な技術的要因ではなく，いかに組織内の経営資源とリンクをさせるかについての努力が必要となるからである。

④**特　許**

特許は，しばしば模倣困難性や差別化の要因として説明される。特許は，他の3つが企業の内部に存在するさまざまな要件によって成立しているのとは異なり，外部の法律や制度によって成り立っているものである。特許の存続期間は，その特許技術を模倣して使用することができないため，特許は模倣のためのコストを高める。

しかし，特許は一定期間，直接的模倣を防ぐことができるものの，い

くつかの問題をもっている。特許を取得するためには技術情報の開示が必要となる。その情報開示によって，それまで知られていなかった技術の代替技術の開発を促進してしまうことがある。これによって**模倣コスト**が低下することはもちろん，代替技術によって経済的価値自体が大きく損なわれることもある。

また，特許制度は国によって異なるため，すべてをカバーするためには多くのコストが必要となる。このように特許のもつ模倣困難性は，特許技術そのものによって得られるものではなく特許を開発することができるケイパビリティによってもたらされていると考えることもできる。

ダイナミック・ケイパビリティ

資源ベース理論の**VRIOフレームワーク**は，個別企業の競争優位の源泉となる経営資源がどのような条件をもつのかということについて，企業内部の経営資源を分析単位とすると視点を提供した。しかし，資源ベース論ではそうした経営資源がどのように蓄積されていくのか，知識や資源がどのように学習・開発・獲得されていくのかについては扱われていない。

1990年代以降の資源ベース論の研究は，それまでの資源そのもの異質性と固着性に焦点をあてたものから，資源の組合せとその活用・獲得のための能力へと移り変わっている。**プラハラッド**（Prahalad, C.K.），**ハメル**（Hamel, G.）による**コア・コンピタンス論**や**ストーク**（Stalk, G.），**エバンス**（Evans, P.），**シュルマン**（Shulman, L.E.）の**ケイパビリティ論**など，細部の主張は異なるものの，複数の技術・スキルの組合せを実現し活用する能力にこそ競争優位の源泉があるという考え方である。

さらに2000年代に入ると，競争優位を実現するには，経営資源であれケイパビリティである，他社との異質性を維持するだけではなく，競争環境への適合が重要であり，そのための適切な組織デザインが必要であ

るということが指摘されるようになった。ダイナミック・ケイパビリティというアプローチは，これまで経営戦略論では扱われてこなかった組織デザインの側面を体系化するために導入されたといえる。

　主要な論者である**ティース**によれば，ダイナミック・ケイパビリティは，①センシング（機会を感知する能力），②シージング（機会を活用する能力），③リコンフィギュレーション（企業のもつ資産を結合・再構成することで競争力を維持する能力），の3つに分解されるという。

①センシング

　センシングとは，将来の環境を感知する活動である。ケイパビリティの結合が利益を生むためには，その結果が環境に適合していることが求められる。センシングは，新しい技術の開発・選択，外部の技術の発展の活用，供給業者のイノベーションの活用，市場セグメント・顧客ニーズを特定するといったプロセスによって，将来の機会を感知する能力である。

②シージング

　シージングとは，感知された機会に合わせてケイパビリティの結合を行う活動である。シージングは，ビジネス・モデルの記述，プラットフォームのコントロールのための企業境界の選択，意思決定プロトコルの選択，ロイヤルティとコミットメントの形成といったプロセスによって，機会を活用する能力である。

③リコンフィギュレーション

　リコンフィギュレーションとは，ケイパビリティの特異性を継続的に維持するための調整・再調整のための活動である。**モジュール化やオープン・イノベーション**，資産どうしや戦略と構造の共有化，ガバナンス，ナレッジマネジメントといったプロセスによって，ケイパビリティのもつ競争力を再構成していく能力である。

ティースがとくに強調したことは，企業外部との協調関係である。これまでのケイパビリティ論は，企業内部のプロセスの強化によって，ケイパビリティを開発・獲得することを主張してきた。一方，ダイナミック・ケイパビリティにおいては，センシングが外部機会の感知であるように，外部にある情報や資源の活用を前提とした企業外部との協調関係の構築が重要となる。これまでの競争戦略論が，企業における事業単位内のプロセスを想定していたのにたいして，ダイナミック・ケイパビリティにおける議論は，企業境界の設定を含めた組織デザインの必要性を訴えたものであり，より外部環境と内部要因の適合性を意識したものであるといえる。

まとめ

　このように経営戦略論の発展をみると，企業のおかれている環境変化に合わせて理論研究も進められてきたことがわかる。初期の経営戦略論において，成長戦略・多角化戦略などの企業戦略が脚光を浴びたのは，グローバルに企業が展開するにつれて，その投資対象を選択するための戦略プランニングが重要であったと指摘することができる。1980年代に入り多角化の限界が主張されるようになり，多くの企業は市場において企業間競争を勝ち抜く必要が出てきた。同一産業において各企業の経済パフォーマンスの違いが着目されるようになった背景には，たとえば自動車産業や半導体のDRAM市場における日本企業の成功も少なからず影響したと考えられる。

　そして競争戦略という分野において，主要な論調であった企業が独自の強みを追求し続けることが，市場や技術の変革が否応なしに進む現在の企業環境では，皮肉にも企業の成功を約束しないどころか，むしろ足かせにすらなりうるようになった。これからの経営戦略論は，つねに市場に目を向けつつ，自社のもつ特質を理解したうえで，目の前にある機

会をいち早く手に入れるためにビジネスプロセスを再構築できることに主眼をおく必要がある。そのために，分析ツールの発展だけではなく，より広範な理論的フレームワークの精緻化が必要とされる。

《参 考 文 献》

寺本義也・岩崎尚人編『経営戦略編』学文社，2005年

井上善海・佐久間信夫編『よくわかる経営戦略編』ミネルヴァ書房，2008年

Andrews, K.R., *The Concept of Corporate Strategy*, Dow Jones-Irwin, 1971.（山田一郎訳『経営戦略論』産業能率短期大学出版部，1976年）

Ansoff, H.I., Strategies for diversification, *Harvard Business Review*, 35(5), 1957.

Ansoff, H.I., *Corporate Strategy*, McGraw-Hill 1965.（中村元一・黒田哲彦訳『最新・戦略経営 戦略作成・実行の展開とプロセス』産能大学出版部，1990年）

Barney, B.J., Firm Resources and Sustained Competitive Advantage., *Journal of Management.*, Vol.17, No. 1, 1991, pp.99-120.

Barney J.B., *Gaining and Sustaining Competitive Advantage*, 2nd ed., Prentice-Hall, 2001.（岡田正大訳『企業戦略論（上）基本編 競争優位の構築と持続』『企業戦略論（中）事業戦略編 競争優位の構築と持続』『企業戦略論（下）全社戦略編 競争優位の構築と持続』ダイヤモンド社，2003年）

Christensen, C.M., *the Innovator's Dilemma, Boston,* Mass: Harvard Business School Press, 1997.（玉田俊平太監修，伊豆原弓訳『イノベーションのジレンマ』翔泳社，2004年）

Hamel, G. and Prahalad, C.K., *Competing for the Future*, Harvard Business School Press, 1994.

Henderson, B.D., *Henderson on Corporate Strategy*, Abt Books, 1979.（土岐坤訳『経営戦略の核心』ダイヤモンド社，1981年）

Leonard-Barton, D., Core Capabilities and Core Rigidities: A Paradox in Managing New Product Development, *Strategic*

Management Joulnarl, Vol.13, Special Issue, Summer, 1992, pp.111-125.

Porter, M.E., How Competitive Forces Shape Strategy, *Harvard Business Review*, March-April, 1979.

Porter, M.E., *Competitive Strategy: Techniques for Analyzing Industries and Competitors*, The Free Press 1980. (土岐坤・中辻萬治・服部照夫訳『競争の戦略』ダイヤモンド社, 1995年)

Prahalad, C.K. and Hamel, G., The Core Competence of the Corporation, *Harvard Business Review*, May-June, 1990.

Stalk, G., Evans, P. and Shulman L.E., Competing on Capabilities : the new rules of corporate strategy, *Harvard Business Review*, Vol.70 Issue2, 1992, pp.54-66.

Teece, D.J., Explicating Dynamic Capabilities: The Nature and Microfoundations of (Sustainable) Enterprise Performance, *Strategic Management Journal*, Vol.28, Issue13, 2007, pp.1319-1350.

Teece, D.J, Pisano, G. and Shuen, A., Dynamic Capabilities and Strategic Management", *Strategic Management Journal*, Vol.18:7, 1997, pp.509-533.

── 《いっそう学習（や研究）をすすめるために》 ──────────

Ahlstrand,B., Mintzberg H. and Lampel, J., *Strategy Safari: a guided tour through the wilds of strategic management*, Simon & Schuster, 1998. (齋藤嘉則監訳『戦略サファリ―戦略マネジメント・ガイドブック』東洋経済新報社, 1999年)
本書は経営戦略論での主な研究を10学派に分け，それぞれを戦略がどのように形成されるべきか，どのように戦略が形成されていくのか，個人の範疇を超えた作用や人的要素といった3グループに分けて紹介している。

Barney J.B., *Gaining and Sustaining Competitive Advantage*, 2nd ed., Prentice-Hall, 2001. (岡田正大訳『企業戦略論（上）基本編　競争優位の構築と持続』『企業戦略論（中）事業戦略編　競争優位の構築と持続手』『企業戦略論（下）全社戦略編　競争優位の構築と持続』ダ

イヤモンド社，2003年)
　資源ベース理論の研究者であるバーニーが，経営戦略論について網羅的に説明している教科書である。SWOT分析を基本とした各フレームワークにもとづき事業戦略・全社戦略といった個別戦略の手法について解説を加えている。

渡部直樹編著『ケイパビリティの組織論・戦略論』中央経済社，2010年
　近年の戦略論の主要テーマであるダイナミック・ケイパビリティの第一人者とされるティースの論文を中心に，ケイパビリティ論の問題状況と分析視角について組織論・戦略論の立場から議論している。

《レビュー・アンド・トライ・クエスチョンズ》
① 戦略策定を行うにあたって，1．企業の外部環境を評価してから，機会を活用し脅威を避けるための経営資源を獲得・蓄積を考えるのか，2．企業内部の経営資源を評価してから，資源のもつ強みを活用できる市場へと進出するのか，どちらの方法がより企業のパフォーマンスを高めることができるだろうか，あなたの意見を述べよ。
② ダイナミック・ケイパビリティは，センシング（感知），シージング（活用），リコンフィギュアリング（再構成）という企業レベルの能力を指すことがあるが，企業において具体的にこうした能力を開発するには，どのようなことに取り組む必要があるだろうか。

第 7 章

経営組織

> **本章のねらい**
>
> ふたり以上の人びとが協力して，ある目標を達成しようとするときに，組織がつくられる。企業がつくるものはこれまで「経営組織」といわれてきた。本章では，この経営組織の具体例，形態，編成の考え方，人的資源との関連などをとり扱うことにする。
>
> 本章を学習すると，以下のことが理解できるようになる。
>
> ①経営組織の主な形態（タイプ）
> ②経営組織をつくるための考え方
> ③経営組織と人的資源との関連性

1 組織の構造

組織図の例

　組織は，どのようにして編成（または設計）されるのであろうか。組織は，経営戦略などの企業の目標を有効かつ能率的に達成すべく編成され，このように編成された組織は"**フォーマル（公式または成文）組織**"という。それは，組織図に具体的に記述され，表示される。そして，人的資源は，すべての組織図のなかに位置づけられて働いている。

　図表7－1は組織図の仮設例である。

　この組織図がどのような原則によって編成されているかについては後述するが，株式会社形態をとるこの企業は，最高の意思決定機関である株主総会のもとに取締役会がおかれている。**株主総会**は，三権分立の考えでいうと，国会つまり立法の職能にあたり，これにたいして株主から経営を委託される**取締役会**はトップ・マネジメントとして内閣つまり行政の職能を担当し，その中心となるのが社長などの経営者たちである。

　社長のもとに，製品の生産・販売という企業の目標の達成に直接に貢献する**ライン部門**とこのライン部門の活動を支援またはサービスする**スタッフ部門**が編成されている。前者には第一営業部，第二営業部および各地の製作所・工場と支店が属し，後者には，社長室，総務部，人材・能力開発部，経理部，購買部，設計技術部，生産技術部，研究所，広報室，情報システム部などの職能部門が含まれる。

　しかし，ここでつぎのことに注意しなければならない。それは，組織図の企業が製造業（メーカー）であり，しかも東京を中心に地方に6支店というように，セールスの拠点をもっており，販売にも当然従事している。生産の拠点も全国4ヵ所に散在しており，きわめて狭い地域で活

図表7－1　組織図の例

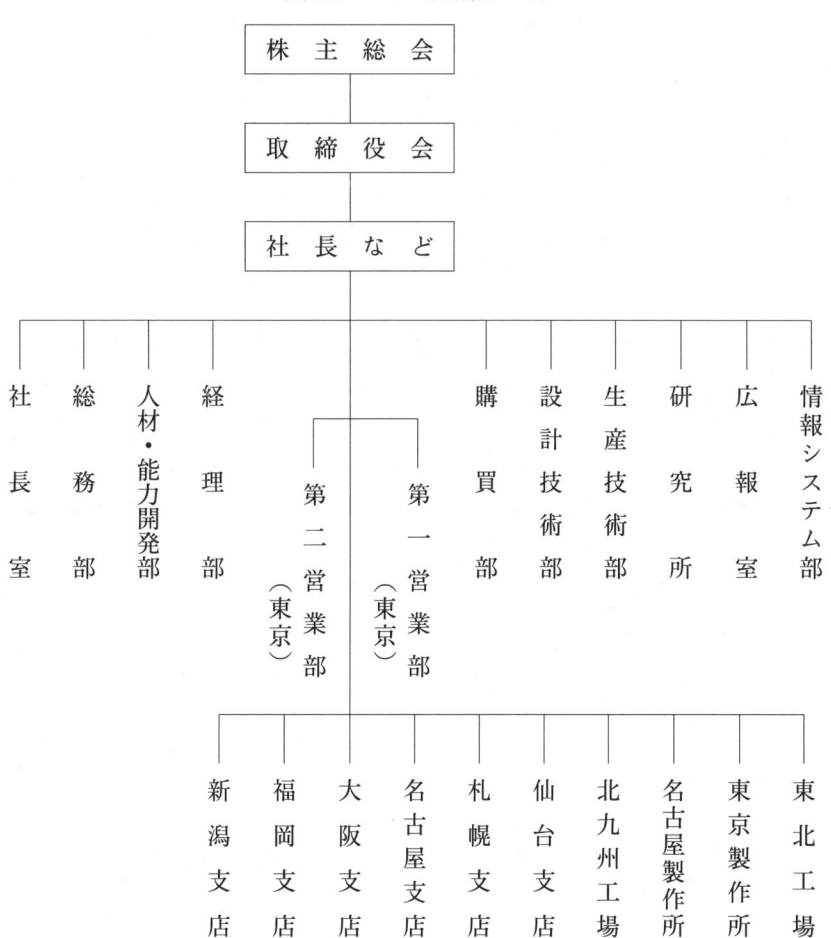

```
株主総会
　│
取締役会
　│
社長など
　│
　├─ 社長室
　├─ 総務部
　├─ 人材・能力開発部
　├─ 経理部
　├─ 第二営業部（東京）
　├─ 第一営業部（東京）
　├─ 購買部
　├─ 設計技術部
　├─ 生産技術部
　├─ 研究所
　├─ 広報室
　└─ 情報システム部

（社長などの下）
　├─ 新潟支店
　├─ 福岡支店
　├─ 大阪支店
　├─ 名古屋支店
　├─ 札幌支店
　├─ 仙台支店
　├─ 北九州工場
　├─ 名古屋製作所
　├─ 東京製作所
　└─ 東北工場
```

動している企業とはいいがたい。つまり，生産，販売とも全国的に活動を展開しており，ローカルな企業とはいえず，しかもかなりの規模を有していることが予想される。

　しかしながら，海外に生産は販売の拠点をもっておらず，また輸出部などの海外輸出に関する部門がみあたらないことから推察するならば，国際企業ではなく，国内企業としての性格をみせている。また，CSR

や法務に関する部門も設置されていない。

　そして，もうひとつ組織の構造という面から注意しなければならないのは，組織の主たる骨格のみが記述され，**ミドル・マネジメント**周辺までが明らかにされているにすぎないことである。

　つまり，現実の組織とはもっと複雑かつ詳細なものであり，ライン部門にしろ，スタッフ部門にしろ，その内部はさらに仕事がこまかく分かれ，しかも階層をなしていることである。経理部は，いくつかの課からなり，しかもそれらの課はそれぞれがさらに複数の係という職場単位をもっていることが予想される。また，東北工場や名古屋支店でもそのなかに組織がつくられていることであろう。

組織の主たる形態

　それでは，企業の組織には，主としてどのような形態が指摘できるのであろうか。これには，職能別組織，事業部制組織，プロジェクト組織とマトリックス組織がある。そこで，以下ではそれぞれの特徴を明らかにしていこう。

　まず**職能別組織**からみていくと，中規模クラスまでの企業においては，この形態を採用する企業は圧倒的に多く，大企業でもこの形態がみられる。これは図表７－１のように，主たる職能部門を組織編成の最初の段階に設定するものである。組織は経営者が上から下へというかたちでつくると考えるならば，まず第１に経営者が編成するのは自社にとって重要となる主たる職能部門を識別し，それらを自らの下に設置することである。

　規模がきわめて小さく，比較的少数の製品やサービスを生産・販売している企業の場合は，スタッフ部門はなく，**ライン部門**のみからなっているかもしれない。"ライン組織"とか"軍隊組織"ともいわれるこの形態は，命令や情報経路が単純であり，上司と部下が直線的に結びつき，

経営者はスタッフ的な職能をも遂行している。

そこで，経営者にはかなりの能力や体力が必要であり，そうでなければ仕事を達成することができない。別ないい方をすると，経営者に負担がかかる組織でもあるが，経営者の強力な一貫性のあるリーダーシップのもとに企業が一丸になって活動を展開しうるという利益もある。

だが，企業の規模が大きくなり，とり扱う製品やサービスの数も多く，性能や機能が高度化するにつれて，このライン組織にスタッフの部門がつけくわえられることになる。図表7－1は，まさにその例となる。図中のライン部門のみで編成されているのがライン組織であるのに対して，スタッフ部門をくわえることで"**ライン・アンド・スタッフ組織**"という形態が生じる。

スタッフ部門の設置は経営者への過重な負担を軽減し，経営者は本来の経営という仕事に専念できることになる。**スタッフ部門**はそれぞれの職能の専門家のグループであり，経営者やライン部門をサポートする。しかし，サポートするだけであり，命令を下したり，それに服従させるという強制力はない。

もしもそのような強制力をスタッフ部門にあたえるとすれば，組織の下位の部門やそこで働く人びとは，重複し，ある場合には対立するような情報をうけて仕事をすることになる。それぞれの専門家グループから情報をうけることには，これらの人びとのもつ専門的な知識や経験を生かせるという利益があるものの，矛盾するような内容の情報が伝達されるおそれがあり，命令が一元化（または統一）されていないために情報のうけ手が活動をしようにも，できない状態に陥ることになる。

図表7－2はテイラーの**職能的職長制度**にみられる"**職能的（ファンクショナル）組織**"といわれるもので，従業員は8名の職長から命令をうけて仕事をする構造になっている。これは前述の専門化の利益をうけることができる半面，命令の一元性が保持できない典型的な事例となっ

第7章　経営組織　　139

図表 7 − 2 　テイラーの職能的職長制度

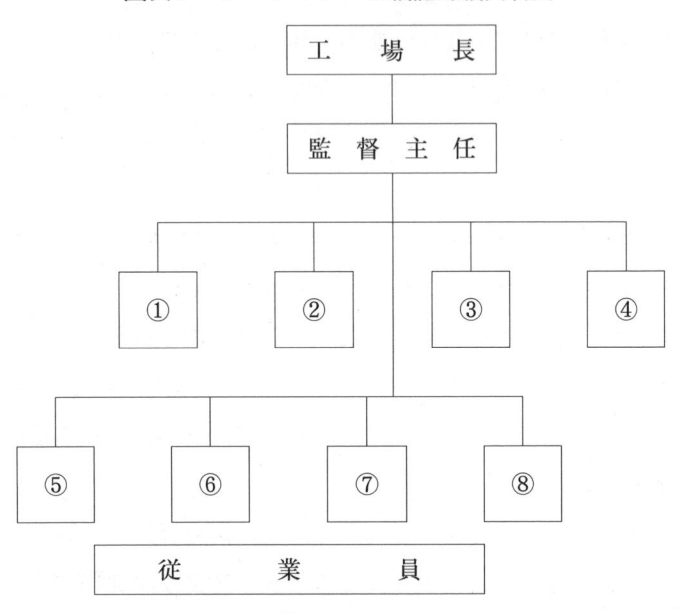

```
            ┌─────────┐
            │  工 場 長 │
            └────┬────┘
            ┌────┴────┐
            │ 監督主任 │
            └────┬────┘
      ┌──────┬──┴───┬──────┐
     ［①］  ［②］  ［③］  ［④］
      └──────┴──┬───┴──────┘
      ┌──────┬──┴───┬──────┐
     ［⑤］  ［⑥］  ［⑦］  ［⑧］
            ┌────┴────┐
            │ 従 業 員 │
            └─────────┘
```

① 手　　順　　係 ── 仕事の順序をきめる
② 指　図　表　係 ── 技術と原価計算に関する情報を集めて従業員に流す
③ 時　間　原　価　係 ── 作業時間と原価に関する記録をとる
④ 訓　　練　　係 ── 人事に関する記録をとり，不満とか賃金問題を扱う
⑤ 組（準備）主任 ── 仕事の準備を担当する
⑥ 速　　度　　係 ── 仕事の技術的な監督をする
⑦ 修　　理　　係 ── 機械設備の保全を担当する
⑧ 検　　査　　係 ── 仕事の質を調べる

ている。
　このような欠陥を除去し，また利点を生かすべく開発されたのが**ライン・アンド・スタッフ組織**である。

事業部制組織

　つぎに，**事業部制組織**に移ろう。これは，主につぎのような条件がミックスされている企業で採用されていることが多い。

①企業が大規模になり，その経営が複雑になり，できるだけ現場に経営をまかせる。

②とり扱う製品や市場（顧客）が多数かつ多様となっている。

③活動の地域に拡がりがみられている。

そして，組織編成の最初の段階で前面にでてくるのは，製品や顧客，地域などの事業部である。図表7－3は**製品別事業部制**と**地域別事業部制**を図示している。社長直属のスタッフ部門つまり本社スタッフや事業部内の組織構造が記述されていないが，製品別または地域別に組織が編成され，各事業部内にはすでに述べた職能別組織が配置される。

つまり，各事業部にはライン部門が編成され，必要となるスタッフ部門が追加される。このことは，各事業部が生産から販売までの自立的な活動を行い，企業としての自己完結性を有していることを意味している。事業部長は担当の事業部をひとつの独立の企業のごとくとり扱い，生存と発展に責任を負うのである。したがって，効率の達成を目指し，単に能率的にだけでなく，採算を意識しながら運営しなければならない。

この特徴は**忌避（宣言）権**という社内取引を忌避できる権利にもみられる。これは同じ企業内の他事業部よりも他企業と取引したほうが有利

図表7－3　事業部制組織の骨格

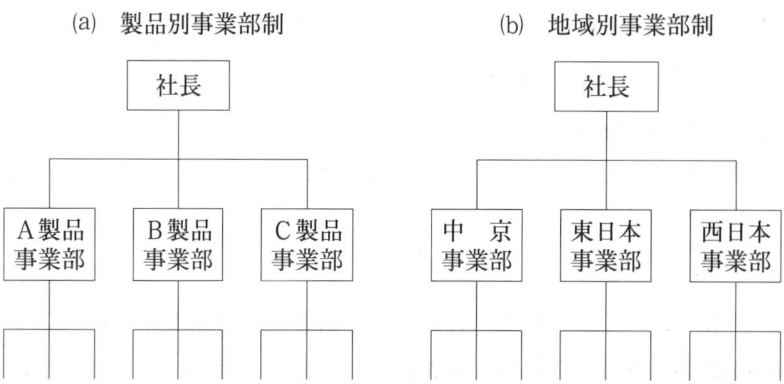

(a)　製品別事業部制

```
         社長
          │
   ┌──────┼──────┐
  A製品   B製品   C製品
  事業部  事業部  事業部
```

(b)　地域別事業部制

```
         社長
          │
   ┌──────┼──────┐
  中京    東日本   西日本
  事業部  事業部   事業部
```

である場合には，社内取引を中止してもよいというものである。

　ところで，事業部制組織には，いくつかの長所がある。それは経営者の行っていた職能を事業部長に委任させており，それまでは経営者の意思決定に属していたものを，事業部長レベルにゆだねるかたちに変わっている。これは"**分権（化された）経営**"，とか"**権限の委任が大幅にすすんでいる**"という言葉でも示され，経営者のところに"**集権化された経営**"の職能別組織に対比される。

　分権経営によって，経営者は過重の負担から軽減されるとともに，環境変化に対応するための経営戦略の策定と実行に多くの時間をさくことができる。これが第1の長所である。

　第2に，後継経営者の養成に役立つことがあげられる。事業部長は経営者として活躍することになるから，事業部長としての経験は経営者を養成するためのチャンスとなる。しかも**独立採算的な経営**はとくに利益にたいする意識を事業部内に強くもたせるであろうし，事業部長は自己の責任とか権限をいっそう明確に意識するようになる。

　第3に，事業部内で働く人びとにとっては社長との関係よりむしろ事業部長との関係で自分をとらえ，はかろうとすることから，ある種の効用が生じる。それは，事業部長と自分との距離は社長とのそれとは異なって近く，働く人びとの**モティベーション**向上に役立つことである。もしも職能別組織であるならば，階層数の多い末端に位置する人びとにとって社長との間の心理的な距離感が大きかったのに，事業部制の採用によってこのような感じは減少することになろう。

　反面，事業部制組織には，職能別組織と比較した場合，企業内の人事異動を困難にし，人事の流動性を維持しにくくし，また企業内の協力体制をつくることをむずかしくするともいわれてきた。

　わが国においては昭和30（1965）年代以降，大企業を中心にして事業部制組織を採用する企業がみられた。しかし，オイル・ショック以降，

経営者に権限を集中させ，委任した意思決定をとり戻す動きが生じ，事業部制は一時的に解消されている。また，日本の事業部制はその特徴を十分に発揮していないことから，その後，**社内カンパニー制**などの工夫もとられてきた。

環境変化への対応

ところで，現代企業は，はげしい環境変化のなかにあり，それへの対応がもとめられている。CSRや環境問題，ワークライフ・バランス，グローバル化，ＩＴ化などが重要になるにつれて，**環境適応の経営戦略**が立案されるとともに，経営組織も新たな対処をとっている。

このような環境変化のなかで，**プロジェクト組織**や**マトリックス組織**という形態が開発されてきた。環境の変化は，これまでに経験しなかったような問題（プロジェクト）を企業に発生させている。このような問題を，既存の職能部門のいずれかのなかで対応できるならば問題はない。しかし，既存の部門でとり扱うことができないとすれば，プロジェクト・チームを編成し，既存の組織構造につけくわえることが必要となる。これがプロジェクト組織である。

図表７－４が示しているように，**プロジェクト・チーム**は企業内の各部門からそれを解決するのに役立つと思われる人的資源を集め，解決後

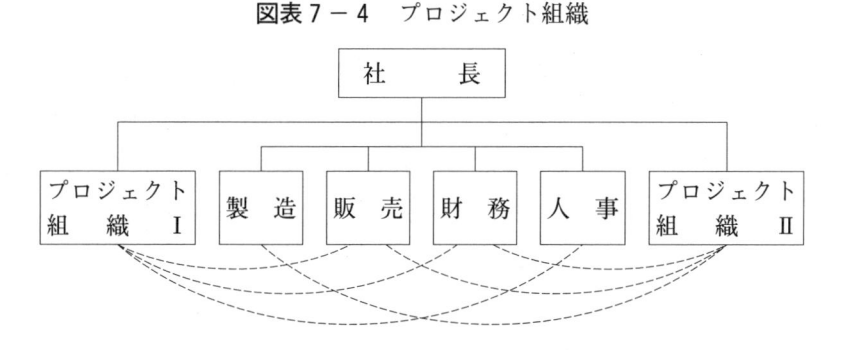

図表７－４　プロジェクト組織

```
                    社　長
    ┌─────┬────┬────┬────┬────┬─────┐
 プロジェクト  製造  販売  財務  人事  プロジェクト
  組織 Ⅰ                              組織 Ⅱ
```

には解散し,もとの部門にもどっていく"**一時的な組織**"である。したがって,このチームに参加するメンバーは,問題に関与するスペシャリストであり,経験や知識が必要である。

しかし,新しい問題には,新しい解決策が必要であり,そこには創造性と革新性がなければならない。そこで,既存の組織もプロジェクト・チームのみに依存することなく,それ相応の努力をするとともに,このチームを支援することをもとめられる。

ところで,変化が予想される多様な技術にもとづく複雑多岐にわたる製品群を有し,しかもそれに関連していくつかの問題群が存在しているような大企業においては,マトリックス組織を採用すべきとの主張も行われたことがある。

図表7－5は**マトリックス組織**の例であり,製造,販売,財務,人事などの企業の職能部門を職能別組織と同様に横軸に位置し,そして他方,各プロジェクト（A, B, C, D）を縦軸におき,この2つの軸の組み合わせからなるマトリックス（行列）を構成する。働く人びとは,それぞれいずれかの職能部門に所属し,プールされるとともに,その経験と専門的な能力や知識などに応じてそれぞれのプロジェクト・グループに配分される。

具体的にいえば,プロジェクトの遂行自体についてメンバーは**プロジェクト・マネジャー**に責任をもち,ライン的な関係は図でも明らかなように垂直的なものである。プロジェクト・マネジャーは,プロジェクト契約で定められた時間,資本,人的資源により,それを完成するための権限,責任,**報告義務**（アカウンタビリティ）を有している。他方,メンバーは,特定の専門的な問題については所属の職能部門の長に責任をもち,図の垂直的な関係は各職能部門からのそれぞれのプロジェクトへの支援活動を示していると理解することができる。

このようにして,マトリックス組織は環境変化に柔軟かつ機動的に対

図表7-5　マトリックス組織

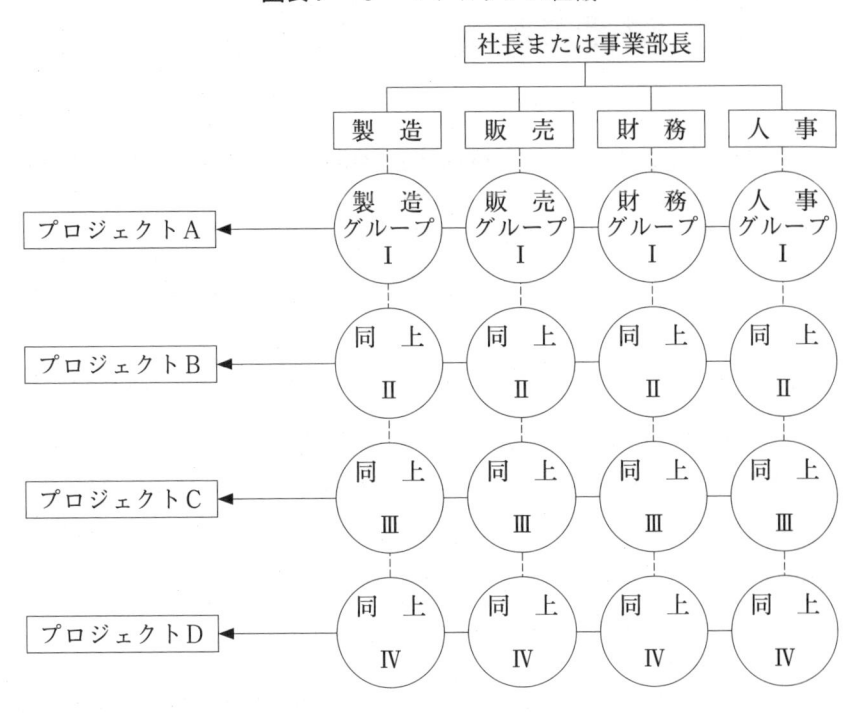

```
                    社長または事業部長
        ┌──────────┬──────────┬──────────┐
       製造        販売        財務        人事
        │          │          │          │
      製造       販売       財務       人事
プロジェクトA ← グループ  グループ  グループ  グループ
        Ⅰ         Ⅰ         Ⅰ         Ⅰ
        │          │          │          │
プロジェクトB ← 同上       同上       同上       同上
        Ⅱ         Ⅱ         Ⅱ         Ⅱ
        │          │          │          │
プロジェクトC ← 同上       同上       同上       同上
        Ⅲ         Ⅲ         Ⅲ         Ⅲ
        │          │          │          │
プロジェクトD ← 同上       同上       同上       同上
        Ⅳ         Ⅳ         Ⅳ         Ⅳ
```

応しようというものである。しかしながら，反面でその運営にはむずかしさがつきまとっている。横軸と縦軸の組み合わせという，複雑な関係のネットワークをかかえているために，たえず相互のコミュニケーションの円滑化をはからなければならないし，職能部門の長とプロジェクト・マネジャーの権限関係の調整をはかる必要がある。メンバーは職能部門の長とプロジェクト・マネジャーの両者に責任をもっているために，これが行われないと，プロジェクトの遂行は困難になる。それゆえ，不安定さをかかえており，実際にはあまりうまく機能しなかったといえる。

2 経営組織をつくるための考え方

経営組織の2つの骨格

　具体的に編成された経営組織の構造や形態をみてきたが，そのための原則または基本的な考え方には，どのようなものがあるかを考えていこう。

　組織には　主たる骨格というべきものが2つある。ひとつは経営組織にあるあらゆる階層における水平的な関係に関するものである。そしてもうひとつは経営組織の垂直的な関係であり，簡潔にいうならば階層が経営組織にはあるということである。したがって，経営組織は基本的には水平的な関係と垂直的な関係の2つの骨格をしっかりと編成することで，構成される（図表7－6を参照されたい）。

ヨコの組織づくり

　水平的な関係とは，図表7－6にも明らかなように，組織のヨコの関係であり，"ヨコの組織づくり"といってもよい。これには，すでに述

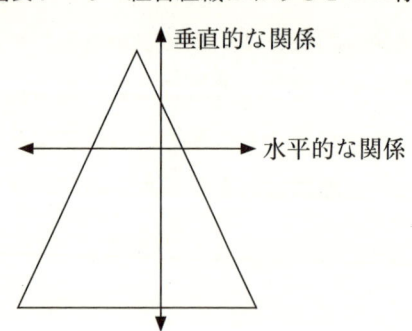

図表7－6　経営組織における2つの骨格

べてきたライン部門とスタッフ部門の区分と**部門化（部門の編成）**という考え方がある。

　どの部門がラインであり，そしてどれがスタッフ部門であるかを区別し，これを全社的に整理し，位置づけることが必要となる。それとともに部門化が重要である。これは企業目標の達成に必要な仕事や活動を分割すること——**分業**とか**専門化**という——とそのグループ化をあらゆる階層で行うことである。つまり，事業部，部，課，係などをつくりださなければならない。

　部門化の具体的な基準・方法としては，製品別の部門化，職能による部門化，地域（または地理）による部門化などがある。

　製品別の部門化は，きわめて大規模で多品種の製品を大量に生産している企業で利用され，経営組織をつくるための第一段階において，この基準が採用される。図表7－3の(a)の製品別事業部制はその例となる。この部門化はこれ以外の階層でも使用されるのであり，ある工場が製品別にデザインされている場合には，この基準によって組織図がつくられる。

　職能による部門化はもっとも広範に使用されており，生産，販売といった諸職能を列挙し，それにもとづいて組織化する。そこで製造業の場合，いま述べた生産，販売といったライン職能にスタッフ職能をくわえ，これら職能を基準にしてヨコの組織づくりを行うのである。そこで，職能別組織は，まさにこの部門化を主に採用している。

　さらに，営業の地域や生産の拠点が地理的に拡がっている場合には，**地域（または地理）による部門化**が利用される。図表7－3の(b)の地域別事業部制には，この基準の採用がみられている。

　ただし，この基準は経営者に近い組織階層の上位だけでなく，下位でも使用される。たとえば，銀行の支店とか量販店の営業店はそれらの企業を支えているが，組織図のなかでは下層に位置づけられる。そして，

この基準を使用して店舗名がつけられている。

ところで，図表7－1の製造業の企業は，これらの基準・方法のうち職能による部門化を中心にし，これと地域による部門化をミックスして横の組織づくりを行っていることがわかる。

これら上記の3つの部門化が主要なものである。そして経営組織のデザインの過程では，これらのものが組み合わされて使用されていくのが一般的である。

しかし，すでに述べたように，図表7－1はこの企業の経営組織の全体を詳細に描写しておらず，しかも職能と地域による部門化しか使用していないということから考えると，3つ以外の基準があることも知らなければならない。

たとえば，時間による部門化，サービスによる部門化，顧客による部門化，経営の構成要素による部門化などもある。具体的に，時間によるものは，交替制労働にみられるもので，3交替制の場合の1班，2班，3班，といった具合に区切られた労働時間ごとに組織の単位が形成される。そして，それぞれの班が一定の人数によって，さらにグループ化されるならば，1班のAグループ，Bグループなどというように編成されるかもしれない。それは人数による部門化である。

つぎに，サービスによるものは，交通関係の企業などにみられるデラックス，グリーン車，エコノミーなどといったサービスの相違から横の組織づくりを考えるものである。そして顧客によるものは，主な顧客ごとに店舗や窓口を設ける場合である。経営の要素については経営の過程である計画化（企画），調査（情報処理），評価，調整などにもとづくものである。

そこで，これらなどを併用し，組み合わされることで経営組織の水平的な関係の全体が詳細に記述されていくことになる。

タテの組織づくり

　経営組織のもうひとつの骨格は，垂直的な関係であり，図表7－6でみると明らかなように縦の関係であり，"**タテの組織づくり**"といえる。組織には階層があるが，これをいかにつくるかということに関連している。それは，第3章でも述べた階層分化である。

　タテの組織づくりにも，主として2つの原則がある。そのひとつは「**責任と権限の委任**」（delegation of responsibility and authority）であり，もうひとつは「**統制の範囲**」という原則である。

　そこで，責任と権限の委任から簡潔にみていこう。所有者型経営者や株主から経営を委任された専門経営者は，図表7－7に示されるように自己の責任と権限の一部を自らのところに留保し，残り（a＋b）を委任し，委任をうけた直属の部下（aとbの2名）さらに部下（c，d，e，fの4名）に委任し，最終的に組織の末端の個々の人びとにまで委任される。

　責任とは，企業内で働く人びとに明確に割り当てられた仕事のことであり，これを遂行することが期待されている。そして，権限とは，この責任を組織内において公に遂行することを保証する力であり，責任と権

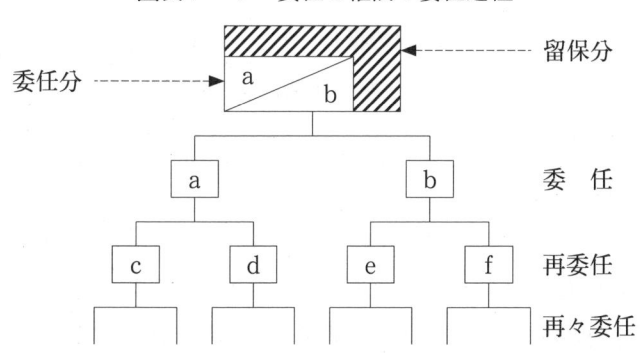

図表7－7　責任と権限の委任過程

限とは同等または同量でバランスがとれていなければならない。

　当然のことながら，責任や権限を委任する際に，明確に規定された内容にしてから委任にし，この委任をくりかえすこと——再委任，再々委任など——を通じて組織の底辺ともいうべき末端に至るのである。つまり，この委任をくりかえすことで，組織には階層が形成される。

　留保か，委任かの判断基準は，全社的な性格をもち，企業にとって重要と思われる仕事については経営者が直接行うべきであり，自らのところに留保すべきであるということである。

　そこで，経営者が比較的容易な仕事に従事し，企業にとって重大な責任を委任することは望ましくない。もちろん，そのような委任を行っても部下がそれを引きうけるという保証はない。

　部下は，それを経営者の無責任としながらも引きうける場合もあるが，この委任を認めず，経営者に逆委任というかたちで戻す場合もある。あるいは，一応引きうけておいて，それを部下に委任していくかもしれない。

　また，容易な責任のみを委任するやり方にも問題が生じる。たとえば，有能であったり，仕事にやりがいをもとめる人びとが組織内に多いとすれば，そのような委任は明らかに不適切といわねばならない。そこで，階層数を多くせず，むしろそれぞれの人びとに委任される責任の内容を増加したり，充実させる工夫が必要となる。

　階層数の少ない組織を"背の低い（flat）組織"といい，仕事内容を増加させたり，充実させることを"作業内容の拡大"（job enlargement），"作業内容の充実"（job enrichment）というが，これらがこの場合には必要となる。

　もうひとつの考え方は**統制の範囲**である。これは経営組織において上司が直接に監督し，コントロールできる部下の数をできるだけ少数に限定すれば能率が向上するという原則である。たとえば，上司が5名の部

下を監督するよりも2名の部下を監督するほうが能率があがることになる。いま，社長が5名の部下をもち，さらにこの5名がおのおの5名の部下をもつと図表7－8の組織が明らかになる。

これにたいして，社長が2名の部下をもち，この2名の部下がさらに2名の部下をもち，つづく2階層においてもやはりそれぞれ2名の部下をもつとすれば，図表7－9にまとめられる組織が示される。

この事例をみると，2つの組織において部下の合計は30名と同数であるが，監督のスパン（範囲）を2名にすると，社長のもとに4階層からなる組織が編成され，5名のワイド・スパンの場合には，2階層となる。つまり，スパンを限定すれば組織は"**背の高い（tall）組織**"になり，これにたいしてスパンを増加させると，組織の構造は，"背の低いもの"になる。

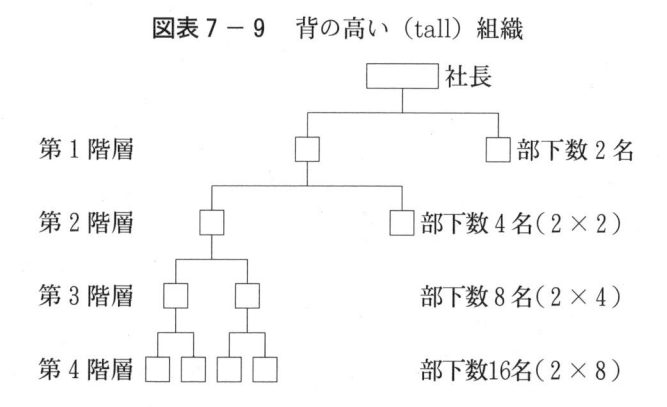

図表7－8　背の低い（flat）組織

```
                    社長
         ┌────┬────┼────┬────┐
第1階層  □    □    □    □    □   部下数5名
        ┌┼┐ ┌┼┐ ┌┼┐ ┌┼┐ ┌┼┐
第2階層 □□□ □□□ □□□ □□□ □□□  部下数25名（5×5）
```

図表7－9　背の高い（tall）組織

```
                社長
              ┌──┴──┐
第1階層      □      □         部下数2名
           ┌─┴─┐ ┌─┴─┐
第2階層    □   □ □   □        部下数4名（2×2）
          ┌┴┐ ┌┴┐┌┴┐ ┌┴┐
第3階層   □ □ □ □□ □ □ □     部下数8名（2×4）
         ...
第4階層  □□ □□ □□ □□ ...   部下数16名（2×8）
```

第7章　経営組織

したがって，部下を多くするか，少なくするかによって階層数が決まるのであり，組織の垂直的な関係がこれによって決定される。

3 人的資源と経営組織

ワーク・モティベーションの理解

図表7－1には，配置される人数や氏名は記入されていないが，経営組織が編成されると，人的資源が配置される。したがって，経営組織はそこで働く人びとと切り離して考えることができない。

そこで，考えておかなければならないのは，組織にかかわる人びとをどのように把握し，理解するかということである。働く人びとの主たる欲求や動機づけ，つまり**ワーク・モティベーション**を明らかにすることで，これを考えてみよう。これについては種々の学説や見解がある。主たる系譜は「**内容理論**」と「**過程理論**」であり，前者は人間の欲求や動機がどのような内容からなるかに力点をおくものである。これにたいして，後者は人間行動がどうして生じ，どのような方向に展開され，そして終わっていくのかに主に焦点をあてている。

後者の見解の典型的な例として，「**期待理論**」がある。それによると，ある行動をとり，成功すれば獲得することが予想される報酬への「期待」と，行動をとり，努力するだけの価値があるかどうかという報酬の価値つまり「誘意性」によって決定されると説明される。

以下では，内容理論にもとづいて考えることにする。心理学者マズローの**欲求5段階説**において，最も底辺にあるのは，「**生理的な欲求**」であり，生存を維持するためには飲んだり，食べたりしなければならず，これを充足したいという欲求である。人間はこの欲求が満たされると，つぎに危険を避け，安全性をもとめる。つまり，生理的欲求のうえに「**安**

全性欲求」が位置している。

　そして，第3の欲求として「社会性の欲求」がある。これは人間関係を大切にしたいとか，他人との接触とか交流をもとめるものであり，安全性欲求のうえの位置している。これらの欲求が満たされるようになると，「自我の欲求」とか「自己実現」といった高次の欲求を人間は充足しようとする。自尊の念をもちたいとか，他人から尊敬をうけたいなどというのが自我の欲求であり，これが満たされると，なりたい自分になろうという自己実現とか，自己の完成をもとめるという。

　したがって，働く人びとがどのようなものを求めているかをしっかり把握しなければならない。そして，このような欲求に対応する誘因を提供することによって働く人びとを経営組織につなぎとめ，さらに積極的に企業に貢献してもらうことが大切である。しかし，貢献をはるかにうわまわる誘因を提供することもできず，バーナード (Barnard, C.I.) が明らかにしたように，貢献にみあう程度の誘因（貢献≦誘因）が配分されることになる。

　誘因をマズローの見解につきあわせて考えると，まず生理的欲求や安全性欲求にかかわるものがある。賃金や各種の作業環境などの誘因はこれらの欲求の充足に関連している。高い賃金・給与や良好な労働条件（労働時間，休暇や週休二日制，危険をともなわない安全で衛生的な職場や作業，工場やオフィスのレイアウトの改善，企業内福祉施設の充足など）は，企業内で働く人びとに必要であり，動機づけの要因となる。

　経営学の先駆者となったテイラーは，従業員を自己の経済的利害を求める"経済人"と把握したために，賃金はきわめて重要な誘因である。

　つぎに，社会的欲求の充足に関しては，職場における人間関係とか，上司の指揮や監督のあり方が誘因となる。職場における人間関係が綿密で友好的であることは必要であり，上司の行使するリーダーシップがどのようなタイプのものであるかはやはり大切である。

この要因を重視したのは，**メイヨー**（Mayo, E.）や**レスリスバーガー**（Roethlisberger, F.）らが1920年代から30年代の前半に行った**ホーソン実験**（Hawthorne Experiments）であった。チームワークや和を重要と考え，職場単位で活動を展開してきた日本企業でも確かにこの要因は大切であった。

　それでは，自我や自己実現の欲求を満たすのに有効な誘因にはどのようなものがあろうか。

　このためには，働く人びとにとってやりがいのある責任を配分し，働きがいを感じるように仕事を設計してやることが必要である。そして，その仕事を達成しえたことで，他人から評価されたり，ある種の充実感をみずから感じることもあわせて大切となる。つまり，仕事にやりがいをみいだし，それをやり終えて，いい汗を流し，満足の状態にひたることである。そして，他人から認めてもらうことである。

　このような誘因を重視するのは，第2次世界大戦後のリーダーシップ論，動機づけ理論，組織行動論あるいは人間資源論の立場であり，マズローの影響をうけた人びとである。**ハーズバーグ**はその代表である。彼は働きがいのある仕事こそが動機づけ要因と考えた。

　ワーク・モティベーションは複雑であり，個人差があることも考えておかなければならない。それぞれは独特の個人的な背景とか経験を有しているのが理由である。

　たとえば，ある人間は賃金などの経済的な誘因を重視しているが，他の人間は働く場での雰囲気のほうを主に大切にしているかもしれない。そこで，このふたりでは仕事への動機づけ要因は異なってくるのであり，人的資源の管理に誤りがあってはならない。

　また，時代や状況によっても動機や欲求は変化する。昭和20年代のわが国では"**食**"の充足がえられず，食のための"**職**"につくこともむずかしかった。このような状況のもとでは，働く人びとは生理的欲求や安

全性の欲求を満たすことにあくせくしていた。

　しかし，その後"食"それから"衣"もみたされるようになり，"住"もかなりの程度まで充足がはかられてきた。貧しい時代から豊かな時代に変化し，それまでとは異なる欲求が重視されている。このような変化は，当然のことながら自我や自己実現の欲求に重きをおく方向にむかわせている。

人間関係のネットワーク

　経営組織内には複雑な**人間関係のネットワーク**が形成されていることにも注目しなければならない。

　企業の目標を達成するために編成された経営組織内においては，フォーマルな人間関係が形成されている。図表７－７に戻るならば，経営者は部下aのbと直接に関係をもって仕事をしているし，このaとbはc，dやe，fと関係を有し，フォーマルなコミュニケーションを交している。これがフォーマルな関係である。そして，フォーマルな関係においてはaとe，fとは直接には交渉をもつことは考えられない。

　しかし，現実にはaとe，fはコミュニケーションを行っていることであろう。またbはcと親密なつきあいをし，仕事以外のレジャーをともにしているかもしれない。そして，cは直接のフォーマルな上司であるaにはあまり好意や信頼をおいていない場合もありうる。さらにいえば，cは同位の部下であるが自分よりも入社年次の遅いdに圧力をかけてaに反抗的な態度をとらせるようにし，上司との間に対立がおこるかもしれない。

　このようにフォーマルな組織内には，"**インフォーマル（非公式）な人間関係（またはグループや組織）**"が形成されているのがごく一般的である。そして，これは人の集まりである組織の「常」であるかもしれない。しかも，それは複雑かつ錯綜したネットワークをなしており，さま

ざまな時，場所，事情のもとで，自然発生的につくられるために，その詳細を知ることは困難である。

このようなインフォーマルな人間関係が目標の達成に有効に作用するとか，職場単位内の雰囲気や職場単位間の協力関係を維持するものであれば望ましいといえる。しかし，無意味な対立を増長させ，"○○派"といったような派閥が企業内で大きな力をもち，**権力（パワー）争い**が生じたり，誤った意思決定が行われるようであれば，問題といわなければならない。

リーダーシップと組織の構造

ここでいうリーダーシップは，職場を指揮し，監督する人間関係的なものである。このリーダーシップと組織の構造とはどのようになっているのであろうか。図表7－8と7－9で背の低い組織と背の高い組織の2つをあげた。前者は部下の数が多いケースであるが，部下の人数が増加すると，上司と部下との接触は時間においても関係においても少なくなり，どうしても**おおまかな監督や指揮**にならざるをえない。これにたいして，部下の数が少ない場合，上司と部下との関係は濃密となり，上司の部下への対応はこまかく，**厳格なリーダーシップ**になる可能性が高い。

もしもこのような仮定が正しいとすれば，組織に配置される人的資源の特性を考慮に入れて，縦の組織づくりを行うことがもとめられる。責任と権限の委任のところでも述べたが，有能であったり，仕事にやりがいをもとめる人びとが多いとすれば，部下の数をふやし，仕事における自己統制的要素を拡大することで，おおまかな対応をとり，階層を減少することができる。つまり，自我や自己実現欲求が強ければ，**階層短縮化**による背の低いピラミッド構造のほうが有効なのである。しかし，仕事になれていないとか，仕事にほどほどにつきあう人びともいるとすれ

ば，厳格な対応が必要となり，背の高い構造が採用されることになる。

　このようにみてくると，組織の構造は人的資源の状況を考えて編成される必要がある。経営組織は経営戦略によって制約されるといわれてきたが，働く人びとによっても制約されることがわかる。

《参考文献》

　齊藤毅憲『教養の経営学』中央経済社，1985年
　齊藤毅憲編著『新次元の経営学』文眞堂，1994年
　齊藤毅憲編著『組織と人的資源の経営学』税務経理協会，1997年

《いっそう学習（や研究）をすすめるために》

　大月博司・高橋正泰編『経営組織』学文社，2003年
　　本シリーズの第4巻に位置しているが，経営組織を新しい視点から解明している。

　沼上幹・軽部大・加藤俊彦・田中一弘・島本実『組織の＜重さ＞』日本経済新聞社，2007年
　　日本企業の経営組織がかかえている問題点を実証的に解明した大作である。

《レビュー・アンド・トライ・クエスチョンズ》

① あなたの関心のある企業の組織図を入手して，その構造上の特徴を明らかにして下さい。
② 身近にある組織（大学のクラブやサークルなど）の現在の編成下の問題点を明らかにして下さい。
③ 背の低い組織と人的資源の関係を考えてみて下さい。

第 8 章

企業間関係

本章のねらい

　20世紀の企業活動は，原材料の調達から生産，さらに販売までのサプライチェーンのすべてにかかわる垂直的統合型企業によって主導されてきた。しかし，情報通信技術の発展によって，産業の中心が資本集約型産業から知識集約型産業に移行しつつある。そうした状況のもと，アウトソーシング，戦略的提携そしてオープン・イノベーションなどつぎつぎと新しい企業間関係が誕生してきている。本章を学習すると，以下のことが理解できる。

①企業（組織）間関係論の発展
②企業（組織）間関係を説明するための主要な理論的なフレームワーク（枠組）
③取引コスト理論を出発点とする企業と市場の境界に関する視点からのアプローチの特徴

1 企業間関係をめぐる状況

20世紀のあいだ，経済をけん引してきた装置産業は資本集約型産業であり，**アルフレッド・チャンドラー・ジュニア**（Chandler, A.D. Jr.）が主張した，生産，マーケティング，そしてマネジメントにたいする三又投資を通じて，規模と範囲の経済性を追求してきた大規模な統合型企業であった。それは「チャンドラー型企業」と呼ばれる**垂直統合型企業**である。

しかし，21世紀に入って，こうしたチャンドラーが示したビッグ・ビジネスの優位性は，情報通信産業や知識産業へと競争の中心が移り変わっていくなかで，終わりにむかっている。実際に，ＩＴをはじめとする先端技術の高度化・複雑化にともない，企業活動を自社内だけで完結させることが難しくなってきている。

こうした**技術環境の変化**は，産業構造や既存の企業間関係にも大きな影響を与えている。企業が今日の激しい環境変化を勝ち抜くためには，柔軟かつ迅速な対応が可能な企業システムの構築が必要となる。そのために，外部資源を積極的に活用するためのアウトソーシングや競合企業どおしの戦略的提携，そして個別企業の枠組みを超えたオープン・イノベーションの利用が図られるようになっている。

このような新たな企業間関係を考察するにあたって重要となるのが，「企業と市場の境界に関する視点」である。これまで，企業と市場の境界は，「**生産か，購買か**」（make or buy）に関する意思決定といった企業の垂直的統合の問題として扱われてきた。**ロナルド・コース**（Coase, R.H.）は企業を，市場という大海に浮かぶ意識的な権限の島々として説明した。さまざまな企業活動の**コーディネーション（調整）**は，企業外部では価格を通じて，企業内部では経営者の権限によって行われ，企業

の境界は取引コストの節約の観点から説明される。市場を通じて取引を行うためには，適正価格の発見，取引相手の探索，契約のための交渉，といったさまざまな費用がかかる。

一方で，企業はこうした取引コストを節約できるかわりに，限定合理性や官僚化によって生じる異なる種類の取引コストを負担しなければならない。企業か，市場の選択は2つの取引コストの比較によって決定される。こうした取引コストによる市場と組織の境界の選択問題は，**オリバー・ウィリアムソン**（Williamson, O.E.）の研究によって発展した。彼は，人間の行動と取引の性質の点から取引コストの発生メカニズムをより精緻化し，階層組織（事業部制組織）の経済効率性について説明している。

また，ウィリアムソンは，1980年代に観察された日本の自動車産業における系列取引などの取引形態（組織形態または統治構造）に代表される，市場でも階層組織でもない統治構造が指摘されるようになったことを受けて，その枠組みを拡張している。市場と組織の境界の問題は，市場と階層組織の，両者のハイブリッドである**中間組織**，具体的には，日本的系列取引，アウトソーシング，戦略的提携，バーチャルコーポレーションなども，その分析の対象となった。

「ポスト・チャンドラー・エコノミー」と呼ばれる垂直統合型企業から非垂直統合型企業や垂直特化型企業（たとえば，研究用開発などに特化した企業）に競争優位性が移りゆく現状のなかで，市場取引，企業組織，中間組織（企業間取引）の3つのうち，いずれの形態が選択されるかについては，さまざまな見解が存在している。

多くの研究者の間で，異なる分析視角によって，ポスト・チャンドラー・エコノミーにおける取引の形態についての示唆がされている。一方で，チャンドラーが，アダム・スミスの市場によるコーディネーションを指す「見えざる手」に対して，「見える手」と呼んだ，専門経営者の下で

運営される階層型組織の管理的コーディネーションからの変化は，避けられない動きであると考えられる。

ラングロア（Langlois, R.）は，情報通信技術の発展やグローバル化といった企業環境の変化によって，コーディネーションは垂直的統合型企業による「見える手」から，脱垂直統合化を企業から市場への回帰であるととらえている。そして，こうした市場回帰の流れを「消えゆく手」と呼んでいる。ラングロアは，イノベーションを含めたより動的な経済変化を理解するために**取引コスト理論に変わるものとして，動学的取引費用のアプローチ**を採用し，このフレームワークをもちいて，こうした「消えゆく手」の歴史的分析を行った。この「**消えゆく手**」仮説は，市場の密度とバッファの緊急性の2つの要因によって説明される。

それによれば，テクノロジーの発展は，いつの時代も市場環境を大きく変化させる。チャンドラー的な垂直統合型企業も，19世紀末のアメリカにおける鉄道と電信という技術革新によって実現された。この技術革新は，地理的制約をなくし，規模の経済性と範囲の経済性を実現するものであった。しかし，これらの経済性を実現するためには，市場の密度は低く，市場には補完的な資産やケイパビリティが存在しなかったために，市場取引ではなく，企業による垂直的統合という「見える手」による調整を必要とした。

結果として，鉄道会社や通信会社は垂直統合型企業への道つまり統合化へと進んでいくこととなった。さらに市場の成長が進み，それを支える制度も進化すると，市場の密度が増し，バッファの緊急性が小さくなる。こうした状況では，垂直統合型企業よりも，市場を通じた外部能力の活用のほうが選択される。すなわち，チャンドラー的な「見える手」は「消えゆく手」へと変化することになる。

「見える手」から「消えゆく手」への移行に関して，モジュール化の役割が指摘される。モジュール化は，ボールドウィンとクラーク

(Baldwin, C.Y. & Clark, K.B.) によって説明された概念であり，その基礎はサイモンのシステムの「準分解可能性」におかれている。モジュール化は，コンポーネントをカプセル状態にする。カプセル化によって機能を利用するためのインターフェイスのみが可視化され，内部のプロセスや状態などはクローズにされる。モジュール化によってコンポーネント間の相互依存性をできるかぎり減少させることでシステム全体に影響を与えることなく，アクティビティを完結させることが可能となる。

　モジュール化によって，**コーディネーション・システム**は，インターフェイスを通じた市場取引となる。こうしてモジュール化によって「見える手」は「消えゆく手」へと変化する。一方で，カプセル化を有効に機能させるためには適切なアーキテクチャの記述が必要であり，そのためにはむしろシステム統合的な側面が重視されることもある。その点では今日の企業間関係を理解するためには，モジュール化の詳細な検討が重要になる。

　また，今日の企業間関係の変化をみていくと，これまでの生産プロセスを中心とした企業間協業のネットワークから，研究開発において専門特化した企業が協調しあう企業間ネットワークの登場が特徴としてみられる。**チェスブロウ**（Chesbrough, H.W.）は，技術発展のためには，企業が外部の知識を積極的に活用し，市場進出に際しても他社のリソース（経営資源）を活用することを前提としたパラダイムを，「**オープン・イノベーション**」と呼ぶ。このオープン・イノベーションでは，内部と外部のアイデアを結合するためには，アーキテクチャやシステムの要件を定めるためのビジネスモデルの活用が重要になるとしている。ビジネスモデルは，価値提案，市場セグメント，バリューチェーンの構造，コスト構造といった企業システムについてのアーキテクチャを記述する。急速な技術進歩の生じている状況では，企業の境界を正確に設定することは重要であり，適切なビジネスモデルはその役割を果たす。

これまでの企業間関係に関する諸理論は，企業と市場の境界について，市場と組織を両極にもつ連続体の中にその区分を置こうと考えられてきた。しかし現実には，こうした区分における市場でも組織でもない中間組織の領域が拡大しつつある状況のもとで，企業外部との協調関係を前提とした企業境界を横断した組織のデザインが要求されるようになってきている。今後の企業間関係論は，どのような理論的フレームワークを導入してく必要があるか，以下ではひとまず，これまでの企業間関係論の展開について確認する。

❷ 企業間関係論の先行研究

　企業間関係を検討するうえで，組織間関係と呼ばれる取引関係にも着目する必要がある。組織関係と企業間関係の区別は非常にあいまいである。完全市場と権限による組織の連続体の中間領域が組織間関係の考察対象とみなす場合もあれば，戦略的提携，ジョイント・ベンチャー，系列取引，企業集団などの現象の違いによって，それぞれを「組織間関係」，「企業間関係」に分類する場合もある。ここでは，企業間関係を，企業と市場の境界問題として扱うこととし，そうした問題とかかわりのある先行研究について取り上げることにする。

　組織間関係論の研究は，わが国では**山倉健嗣**や**佐々木利廣**などによって進められてきた。彼らはその展開を概説し，経営戦略などに適用しようとした。この研究は，1950年代後半から1960年代にかけて成立したが，このころの研究は，組織を取り巻く他組織を扱うという問題意識や分析枠組みの重要性を示しているものの，企業間関係の視点からこうした問題を扱うものではなかった。

　組織間関係論の代表的な分析枠組みとして，山倉・佐々木が紹介しているのは，**資源依存理論**と**取引コスト理論**の2つのアプローチである。

ここではまずこれらの理論について説明を行う。

資源依存アプローチ

　資源依存アプローチは，1970年代後半に**フェファーとサランシック**(Pfeffer J. & Salancik, G.R.)によって体系化された組織間関係論において支配的なアプローチである。資源依存アプローチは組織間の資源の依存関係すなわち資源交換によって生じるパワー関係に焦点をあてたものである。

　このアプローチは，以下の仮説のもとで展開される。第1に，組織が存続するためには，外部環境から，資源を獲得し，処分することが必要となる。組織は自己充足的な存在ではなく，必要とする資源を所有し，コントロールしている他の組織に依存している。組織間関係は，こうした依存関係によって形成・維持される。

　第2に，組織は，自律性を高め，他の組織への依存を回避しようとする。また他方，できるかぎり他の組織を依存させることで，他の組織をコントロールするパワーを獲得しようとする。

　組織の他の組織に対する依存性を決定する要因としてはつぎのものがあげられる。

　①**資源の重要性**：資源の重要性が高いほど，その資源を保有している組織への依存度は高くなる。

　②**資源の使用に対する自由裁量**：資源の供給組織によって，資源の配分と使用に関する自由裁量が低い場合，資源依存度は高くなる。

　③**資源コントロールの集中度**：必要な資源を少数の組織から調達している場合，資源依存度は高くなる。

　組織は，他の組織への依存性を最小化し，自らのパワーを高めるために組織間関係を構築しようとする。フェファーとサランシックは，そのための3つの戦略をあげている。

①**自律化戦略**：他の組織に依存している状況を変更するための戦略である。すべてを吸収する，部分的に依存を吸収する，依存状況を変更する，依存度を減少させるために，それぞれ，M＆A，垂直的統合，水平的拡大，多角化が選択される。

②**協調戦略**：他の組織との依存関係を認めたうえで，良好な関係のもとに依存性を適切に調整するための戦略である。役員の取り込み，役員の兼任，ジョイント・ベンチャー，カルテル，業界団体の設立などが選択される。

③**政治戦略**：より上位レベルのパワーを利用することで依存性を解決するための戦略である。政府の規制や規制緩和などによって取引上の不確実性を減少させることを試みる。

以下で述べる取引コストアプローチが，経済学をもとに組織間の関係を説明しているのにたいして，資源依存アプローチにおける資源配分の意思決定の基準は，組織間のパワーといったポリティカルなプロセスに着目しているという点で，社会学的や政治学的であるといえる。また，資源依存アプローチは，個々の組織の1対1の関係を重視している。

取引コスト・アプローチ

（1） 市場か，組織か

取引コスト理論の出発点は，**コース**の議論に遡る。資源配分ならびに生産の調整が価格メカニズムを通じてなされるとするならば，なぜ企業という組織が存在するのか。これがコースの問題提起であり，企業が成立する要因を以下のようにあげた。まず**取引コストの存在**である。取引費用が存在するために，市場を通じて取引をするよりも，少ない費用で取引を組織化できる場合に企業が成立する。ここでの取引コストとは，価格メカニズムを利用するための費用あるいは生産を，価格メカニズムを通じて組織することにともなう費用であり，具体的には，適正価格を

発見するための費用や，取引における交渉および契約に必要な費用である。

　第2に，**不確実性による契約の不完備性**である。製品およびサービスの長期的供給が問題になる場合，「**スポット取引**」という短期契約を結ぶよりも，長期契約を結ぶことが望まれる。しかし，将来を予測することが困難であるため，そこには不確実性が存在することから，買い手は契約相手（供給者）が将来なすべきことをすべて詳細に契約に定めることはできず（契約の不完備性），契約時には一般的な取引関係を定めた基本契約のみを結び，供給者に期待される事柄の詳細については，買い手によって後に決定されることとなる。このように資源配分が買い手に依存するようになるとき，企業という「関係」が成立する。

　第3は，**制度的要因**である。市場における交換取引と，この取引が企業内で組織される場合とでは，政府やそのほかの規制によって異なる場合がある。政府による課税というものが存在するような場合には，市場で財やサービスを購入するよりも資源配分を企業内で組織したほうが有利になる。

　こうした要因はすべて取引の際に発生する取引コストによって説明される。したがって，現実に存在する社会経済上の諸条件によって発生する取引コストの比較によって，市場か組織のいずれか，の選択が行われるという考え方が取引コスト理論（**取引費用の経済学**）の基礎となっている。

　取引コストによる市場と組織の境界の選択問題は，ウィリアムソンの研究によって発展した。彼は，とくにこうした取引コストの発生要因について，「**限定合理性**」と「**機会主義**」という人間の行動仮定を導入することで説明を試みている。

　①限定合理性の仮定は，**サイモン**（Simon, H.A.）が説明する，合理的であろうと意図されるが限られた程度でしか合理的ではありえない人

間行動をさす。限定合理性は，すべての経済主体は情報の収集・処理・伝達能力に限界があるために生じる。

②機会主義は，情報の操作や，偽りの情報伝達などの悪徳的行為によって自己の利益を追求する人間行動をさす。

また，取引は**不確実性**，資産特殊性，取引頻度という3つの次元によって特徴づけられる。

不確実で錯綜した取引では，限定合理性によって取引行為者は，事前に起こりうるあらゆるケースを予測することができないため，より不確実性・複雑性の高い取引においては，取引コストが高くなる。

資産特殊性とは，取引が特定の投資を前提とすることによって生じる。具体的には，ある種の特殊な部品（他の取引においては価値をもたない）といった相互依存性や少数性といった特徴をもつ資産の取引がこれにあたる。資産特殊性の高い製品やサービスの取引においては，取引コストが高くなる。

取引の頻度が増えることで，限定合理性のもとでも相手の情報の取得が可能となる場合，機会主義的行動が抑制されるため，取引コストは低下する。しかし，取引頻度が増えても，相手の情報が取得できない場合には，機会主義的行動の可能性が残るため取引コストは高くなる。

このように，**ヒエラルキー（階層性）**によって調整される企業組織（**内部組織**ともいう）が存在する理由は，市場との取引に対して，限定合理性の克服や機会主義的行動の回避のために有効に機能するからである。一方で，ウィリアムソンは市場に対する内部組織の優位性を指摘すると同時に，内部組織も，企業規模の拡大と垂直統合度が大きくなるにつれて，内部の効率性が低下するという。結果として，すべての取引が市場あるいは企業のどちらかのみで行われることはなく，その選択は取引コストの節約によって決定される。

（2） 中間組織:「長期継続取引」と「関係契約」

　取引コスト理論は，企業がなぜ存在するのかということについて，人間の行動仮定と取引の次元を前提とした取引コストの節約の観点から市場と組織の選択の問題を基礎に置いている。そして，1980年代に日本における系列取引が注目されたことをうけて，ウィリアムソンは，市場と組織の混合形態（ハイブリッドともいう）としての中間組織の存在についても取引コストでの説明を試みた。

　系列とは，日本における特徴的な企業間関係であり，対等とはいえない非対称的な企業間の関係が長期継続的な取引のもとで成立している状況をさしている。系列は主に，①企業集団・企業グループにおける系列企業間の取引関係，②製造業における半製品・中間部品の供給に関する垂直的な系列取引を行う生産系列，③製造業者が自社の製品の販売について，ディーラーや小売店を組織化した流通系列，の3つに分類できる。

　取引コスト理論においては，「**日本的サプライヤー・システム**」と呼ばれる製造業における**アセンブラー**（組立てメーカー）と**サプライヤー**（部品の供給メーカー）の関係である生産系列を対象とした研究が盛んである。生産系列は，のちに述べるが，通常，関係特殊的投資をともなう取引関係であると考えられる。日本的サプライヤー・システムの代表である自動車産業では，アセンブラーとサプライヤーの資産特殊性と取引頻度はともに高い。**浅沼萬里**は，取引コスト理論にもとづいて，こうした日本の生産系列の優位性について説明を行っている。

　一般的に，特定の企業に特殊化された部品を生産するためには，関係特殊的投資を行わなければならず，そのことは資産特殊性を高めることにつながる。特定メーカーの製品のためにカスタマイズされた部品を製造することは，部品の汎用性を低下させ，特定製品の製造中止にともない，その投資の回収が不可能になることによって埋没費用となる可能性が存在している。このような場合には，「**ホールドアップ問題**」（契約に

書かれていない事態が生じた場合の機会主義的行動や，取引が継続されない状況が起きた場合に，取引行為者の片方あるいはお互いがお手上げの状態になること）と呼ばれる状況を引き起こすことがある。市場か，組織かという2分法では，契約が不完備で資産の特殊性が存在する場合には，関係特殊的投資へのインセンティブが低下する状態になるが，サプライヤー企業を内部化することによって，ホールドアップ問題が解決されることになる。

　しかし，日本の系列取引においては，資本関係のない特定企業間での長期間にわたる反復取引の割合が多くなっている。市場を利用したスポットの取引ではなく，複数回の取引を前提とした取引の頻度が高い状態においては，不確実性が減少し，機会主義的行動が抑制される。また，取引コスト理論では重視されていない学習効果という点においても，長期継続的取引は有効に機能する。日本的サプライヤー・システムでは，長期継続的取引は取引先をさがすための探索コストを節約する一方で，緊密な情報交換による生産・技術面の補完関係の強化や学習効果と知識移転の仕組みとして機能してきた。

3　企業境界決定のダイナミクス

動学的取引費用アプローチの意味

　取引コスト理論は，なぜ企業組織（主に垂直統合型企業）が成立しているのかを説明できる包括的な理論である。しかし，この理論は中間組織に対する検討という理論的拡張があったものの，基礎となる部分は市場と組織の代替関係によって説明するものであると批判される。現実には，市場と組織は代替的に分割できるものではなく，**市場・中間組織・企業の複雑な関係**によって成り立っている。近年の開かれた企業間関係

がどのような目的のために形成されているかということを考慮するならば，企業と市場の境界の決定にあたっては，取引という契約の側面よりも企業による生産の側面をより重視したフレームワークの導入が必要となる。

ラングロアは，「**動学的取引費用**」（ダイナミック・トランザクションコスト）という概念をもちいて，こうした企業境界の問題に取り組んできた。動学的取引費用とは，外部のサプライヤーにたいして，説得，交渉，コーディネーション，そして教示するためのコストであり，必要なときに必要なケイパビリティをもたないために生ずるコストである。取引コストが，市場を利用する際に発生するコストであったのにたいして，動学的取引費用は，生産活動に利用されるケイパビリティの移転・獲得の際に発生するコストと考えられる。

また，取引コスト理論においては，企業は**契約の束**としてとらえられるのにたいして，動学的取引費用アプローチでは，企業は**ケイパビリティ（知識・ルーティン）の束**としてとらえられる。**ラングロアとロバートソン**によれば，企業は本質的コアと補助的ケイパビリティによって構成されている。「**本質的コア**」とは，複製や市場での購買が困難な企業固有の特異なケイパビリティで，他のケイパビリティから切り離せないシナジーをもつものである。

これに対して，「**補助的ケイパビリティ**」とは市場で販売される特異性をもたないケイパビリティである。企業は，生産活動を行う際に必要となる補助的ケイパビリティのすべてをもってはいないため，企業は他社との取引を通じて補助的ケイパビリティを獲得しなければならない。動学的取引費用アプローチにおける企業境界とは，こうした補助的ケイパビリティを統合や内製などによってどの程度を内部化するか，あるいは市場購買などによってどの程度を外部化するかという選択によって決定される。

また，動学的取引費用アプローチでは，市場と組織の境界の問題はイノベーションの性質に影響をうける。**内部化・統合化**は，「**システミック・イノベーション**」が要求される場合に生じる。システミック・イノベーションとは，システムの部分的変化が他の部分に大きな変化をもたらすイノベーションであり，多数の生産段階にまたがって関連する相互依存的なコンポーネントや補完的アクティビティの調整を必要とする。相互依存性が高い場合には，生産活動は複数の変化を同時に調整しなければいけないために調整コストは高くなる。市場をサポートする既存の制度が新技術と新しい収益機会にたいして不十分である場合にも調整コストは高くなるため，生産活動の調整にあたっては市場よりも内部組織が優位性をもつ。

　これに対して，**外部化**は，「**自律的イノベーション**」が市場で活発に行われている場合に選択される。自律的イノベーションとは，他の段階との調整を必要とせずに，ある生産段階における変化が進展していくものである。このイノベーションによって，自社のもつケイパビリティよりも補完的ケイパビリティが優れている場合，企業は市場を通じて外部のケイパビリティを獲得する。こうした外部化にとって市場をサポートする制度が重要となる。ラングロアはとくに，標準化されたインターフェイスによって製品がモジュール型システムに転換することで市場取引が優位性をもつと主張している。

「消えゆく手」仮説の登場

　ラングロアは，市場が発達することによって，資源の調整メカニズムは，「見えざる手」から「見える手」へ，そして「消えゆく手」へと変化するという「消えゆく手」仮説を主張した。この「消えゆく手」仮説は，市場の密度とバッファの緊急性という2つの要因によって説明される。「市場の密度」とは，テクノロジー，人口，所得といったさまざま

なものからなる外的環境変数の総体である。市場の密度の程度は，こうした総体の発展状況によって決まる。テクノロジーの発展や，人口・所得の増加は特定の市場の範囲における取引の機会を増大させる。「**バッファの緊急性**」とは，環境変化や不確実性にたいする企業あるいは市場の環境変動に対するバッファリング（緩衝）の必要性の緊急度を意味する。組織は技術的なコアを生産手段のコンポーネントで囲い込み，環境の影響をバッファすることで，環境変化に対応できる。

ラングロアは，こうした前提をもとに歴史的考察を進めている。人口や所得の増加，取引に対する技術的・法的な障壁の減少によって，アダム・スミス的な分業プロセスが進み，市場による調整が行われてきた。そして，19世紀末のテクノロジーの進歩は，大量生産・大量流通を可能にした。しかし，当時の市場には，その生産のスループットを確保するだけのケイパビリティが存在しなかったため，大量生産には垂直的統合を通じて，経営者の「見える手」によるバッファリングが行われた。さらに市場の成長が進むと，取引をサポートする制度が出現する。

こうして市場の密度が高くなると垂直統合型企業の優位性は薄れ，市場を通して専門化された外部能力の活用が増加する。半導体の開発設計に特化した，工場をもたないファブレス企業や，それらの企業にたいするファウンドリー企業や，電子装置の組立に専門化したEMS（Electronics Manufacturing Service）の台頭などは，規模の生産性などによらない技術的な傾向の変化としても確認することができる。とくに情報通信技術の発展は，バッファリングにも大きな影響を与えた。ラングロアは，サイモンのシステムの分解可能性の概念とバッファリングとの関係性を主張する。システムの分解可能性はモジュール化という概念によって説明される。

モジュール化は，モジュールどおしを結ぶ**連結ルール**（インターフェイス）が決まれば，個々のモジュールの内部はカプセル化（情報隠蔽）

によってモジュールの改善は他のモジュールとの間の情報共有やコーディネーションなしに行うことが可能になる。まさにカプセル化こそが，バッファ機能であり，個々のモジュールは自律的イノベーションによって独立して発展する。モジュール化の進展は不確実性をバッファリングし，管理や統合の必要性を減少させることで「見える手」から「消えゆく手」への変化を促進する。

　動的取引費用の減少が，アウトソーシングによる市場での取引の増加をもたらしている，現在の状況では，モジュール化とアウトソーシングという行動が，不確実性回避のために最適な行動であるとしている。取引コスト理論との大きな違いは，現代の企業取引においては，**情報の非対称性**が引き起こすインセンティブ問題は，それほど重要ではなく，資源の取引における不確実性の克服が重要な問題となると考えている。現在の企業間関係は，「見えざる手」にみられるような市場調整に回帰している状況，つまり「消えゆく手」であると説明したのである。

今後の企業間関係の方向性

　企業の脱垂直統合化・垂直特化の流れは本当に「消えゆく手」の時代として説明が可能であるのだろうか。ラングロアは，現在のモジュール化によってもたらされた市場による調整を，企業が自社のケイパビリティのみならず，他の企業のケイパビリティを利用し，専門化の利益を享受する状況であると説明した。これにたいしては多くの研究者から反論があがっている。

　ラモロー（Lamoreaux, N.），**ラフ**（Raff, D.）**とテミン**（Temin, P.）は，ポスト・チャンドラー・エコノミーの性格を，ウィリアムソンの取引コスト理論をもとに，市場と組織の間に存在する多様な中間組織的な制度とみている。今後も，「情報の非対称性」から生じる高い取引コストが存在するために，企業は非生産的な利己的な利益追求行動（レント

シーキング）を回避するために長期的な協調的取引関係が選択されると考えている。プレイヤー間の調整もモジュール・システムへと向かうのではなく，いかなる時期でも調整メカニズムの形態は多様であり，異質であると主張する。

　セイベル（Sabel, C.）と**ザイトリン**（Zeitlin, J.）は，企業間の公式的な連携関係にもとづく調整に注目している。モジュールの標準化されたインターフェイスの存在は認めるものの，そうした形態が必ずしも支配的というわけではなく，ある程度，流動的で**組織学習**を重視した調整プロセスを仮定している。こうした連携は，日本的サプライヤー・システムにおいて特徴的な取引関係である。セイベルとザイトリンは，メンバー間の機会主義的行動よりも不確実性の解決に重きを置いているという点では，ラングロアのアプローチに近いと考えられるが，調整メカニズムについては，モジュールでもなく，契約でもなく，企業間の協働による**組織間学習**が公式的中間組織を選択させる理由であると説明している。

　両者の批判は，チャンドラーが企業による調整メカニズムを最終的な形態としてとらえたのと同様に，ラングロアが進化プロセスの最終的な形態として「消えゆく手」を主張したことに対するものである。それでは，ポスト・チャンドラー・エコノミーは今後，どのような方向に向かうのであろうか。

　ラングロアが「見える手」から「消えゆく手」への移行の前提としたモジュール化は，今後の企業間関係にどのような影響を与えるかという点で大きな議論を呼んでいる。モジュール化と非常に深いかかわりをもつのが，製品アーキテクチャと組織構造の間の適合性に関する研究である。**アーキテクチャ**とは，システム構成要素間の相互依存関係のパターンで記述されるシステムの性質であり，システム設計の基本思想といえるものである。多くの研究は，アーキテクチャには分類があり，各アー

キテクチャにはそれぞれに適した組織構造が存在しているという主張をとる。すなわち，製品アーキテクチャによって最適な取引形態の選択を試みることが製品アーキテクチャ論と企業間関係論とのかかわりであるといえる。

製品アーキテクチャは，モジュール・アーキテクチャとインテグラル・アーキテクチャの2つの区分によって説明される。モジュール化の定義はさまざまであり，もっともよく知られた区分は機能にもとづいてアーキテクチャを記述したものである。**ウルリッヒ**（Ulrich, K.）は，①機能的構成要素の配置，②機能的構成要素の物理的コンポーネントとの対応，③物理的コンポーネント間のインターフェイスの仕様の3点によって分類を行っている。モジュラー・アーキテクチャでは，機能と構造が1対1の対応になっていて，構成要素間の相互作用は低く，インターフェイスは明確で標準化されやすい。

一方，**インテグラル・アーキテクチャ**では機能と構造との対応関係が多対多になっていて，構成要素間の緊密な相互作用が存在し，インターフェイスはあいまいである。製品アーキテクチャ論においては，製品アーキテクチャと組織構造の間の適合性についてのもっとも端的な考え方は，モジュール型製品は市場での取引に適しており，インテグラル型製品は階層的調整に適しているというものである。

藤本隆宏を中心とする日本の研究者は，製品アーキテクチャの特徴と企業の持つ組織能力の相性の間の適合性についての説明を試みた。日本的サプライヤー・システムがもつ組織能力の特徴は統合型のものづくり能力であり，**インテグラル型**（擦り合わせ型）の製品の製造において競争優位をもつという主張である。

この議論の問題点は，ある製品（藤本の場合は自動車）の製品アーキテクチャが所与のものであるとしてしまうことにある。ある製品の設計・開発においてインテグラルとモジュールのどちらのアーキテクチャを採

用するかについては，企業ごとの設計思想や企業のもつケイパビリティによって異なるはずである。これまでのアーキテクチャと企業境界に関する研究は，すでにあるアーキテクチャと組織能力との相性によって議論されてきた。しかし，今日においては，むしろ環境変化にあわせて適切なアーキテクチャを記述・選択することが重要となる。

　アーキテクチャにおける企業境界の問題は，取引コスト理論で論じられてきたものとは，異なる。アーキテクチャ利用の本質は，企業内外に点在する情報あるいはデータと呼ばれる論理的構造物の移転・集約の問題として扱われる。情報・データの分割は，これまでの取引とは異なる位置で行われるかもしれない。ボールドウィンは，生産システムを「**タスク・ネットワーク**」というレベルでとらえることで，企業間の取引よりも微細なレベルでの物質・情報の移転の分析を可能にしている。モジュール化とは本来，こうしたタスク・ネットワークの構成要素であるタスク，エージェント，移転をどのように配置するかを取り扱うものであり，製品のもつ構造と機能が生産プロセスや企業の構造に反映されるのであれば，タスク・ネットワークによって記述されるモジュール境界は，企業境界の問題として取り扱うことができる。

　こうしたアーキテクチャに関する研究は，**オープン・イノベーション**における企業の境界を説明することは有用であると考えられる。チェスブロウは，従来よりも分散的なイノベーション環境において組織のイノベーション活動を理解するためには，企業レベルだけではなく，複数の分析レベル（個人，グループ，組織と企業，バリューネットワーク，産業とセクター，国家など）をもつことが必要であると主張する。モジュール化の概念が取引よりも微細なレベルでの分析フレームワークを提供するならば，現在，さまざまなレベルで展開されるオープン・イノベーション・システムにおける知識の伝搬と活用のプロセスについてより詳細な説明が可能となるかもしれない。

ラングロアの研究をはじめとして，組織形態やコーディネーション・メカニズムの形成については，さまざまな生成条件があり，どのような取引形態が選択されるかについては明確な回答がでていない。しかし，脱垂直統合の流れは避けえない状況であり，技術の高度化・複雑化への対応のためには企業を超えたコーディネーションを要求する。単純な市場か企業かといった調整メカニズムではなく，より企業の本質的なアクティビティを理解したうえで，そのプロセスに適合的な企業システムがなんであるかを明らかにするために，より動態的・進化的なアプローチの構築に向けた取り組みが必要となるだろう。

《参考文献》

浅沼萬里『日本の企業組織：革新的適応のメカニズム』東洋経済新報社，1997年

現代企業研究会編『日本の企業間関係－その理論と実態－』中央経済社，1994年

藤本隆宏・武石彰・青島矢一『ビジネス・アーキテクチャ－製品・組織・プロセスの戦略的設計』有斐閣，2001年

山倉健嗣『組織間関係－企業間ネットワークの変革に向けて』有斐閣，1993年

Baldwin, C.Y. and Clark, K.B., *Design Rules: The Power of Modularity*, MIT Press, 2000.（安藤晴彦訳『デザイン・ルール：モジュール化パワー』東洋経済新報社，2004年）

Chandler, A., *Strategy and Structure: Chapters in the History of the American Industrial Enterprise*, MIT Press, 1962.（有賀裕子訳『組織は戦略に従う』ダイヤモンド社，2004年）

Chandler, A., *The Visible Hand: The Managerial Revolution in American Business*, Harvard University Press, 1977.（鳥羽 欽一郎・小林 袈裟治訳『経営者の時代：アメリカ産業における近代企業の成立』東洋経済新報社，1978年）

Chandler, A., *Scale and Scope: The Dynamics of Industrial*

Capitalism, Harvard University Press, 1990.（安部悦生・川辺信雄・工藤章・西牟田祐二・日高千景・山口一臣訳『スケール・アンド・スコープ：経営力発展の国際比較』有斐閣，1993年）

Chesbrough, H.W., *Open Innovation: The New Imperative for Crating and Profiting from Technology*, Harvard Business School Press, 2003.

Chesbrough, H.W., Vanhaverbeke, W. and West, J., *Open Innovation: Researching a New Paradigm*, Oxford University Press, 2006.（長尾高弘訳『オープン・イノベーション組織を越えたネットワーク』英治出版，2008年）

Coase, R.H., The Nature of the Firm, *Economica*, 4, pp.386-405, 1937.

Lamoreaux, N., Raff, D. and Temin, P., "Beyond Markets and Hierarchies; Toward a New Synthesis of American Business History," *American Historical Review*, 108, 2003.

Langlois, R.N., The vanishing hand: the changing dynamics of industrial capitalism, *Industrial and Corporate Change*, Vol.12, 2003, pp.351-385.

Langlois, R.N. and Robertson, P., *Firms, Markets and Economic Change: A Dynamic Theory of Business Institution*, Routledge, 1995.（谷口和弘訳『企業制度の理論』NTT出版，2004年）

Pfeffer, J. and Salancik, G.R., *The External Control of Organizations: A resource dependence perspective*, Harper & Row, 1978.

Sabel, C. and Zeitlin, J., Neither Modularity nor Relational Contracting: Inter-firm Collaboration in the New Economy, *Enterprise and Society*, Vol.5, No.3, 2004.

Simon, H.A., *Administrative Behavior* (2nd), McMillan, 1961.

Simon, H.A., The Architecture of Complexity, *Proceeding of the American Philosophical Society*, 106, 1962, pp.467-482.

Ulrich, K., The role of product architecture in the manufacturing firm, *Research Policy*, 24(3), 1995, pp.419-440.

Williamson, O.E., *Markets and Hierarchies: Analysis and Antitrust Implications*, New York: Free Press, 1975.（浅沼萬里・岩崎晃訳

『市場と企業組織』日本評論社，1980年）

Williamson, O.E., *The Economic Institutions of Capitalism: Firms, Markets, Relational Contracting*, Free Press, 1985.

《いっそう学習（や研究）をすすめるために》

山倉健嗣『組織間関係－企業間ネットワークの変革に向けて』有斐閣，1993年

組織間関係論の歴史的展開と組織間関係論の理論的枠組みについて，それぞれの学説を紹介し，こうした組織間関係論の諸理論と経営戦略の関わりについて考察を行っている。

菊澤研宗『組織の経済学入門－新制度派経済学アプローチ』有斐閣，2006年

新制度派経済学のフレームワークとしての取引コスト論，エージェンシー理論，所有権理論の解説と市場におけるさまざまな組織形態がなぜ成立するのかについてこうした組織の経済学の視点から説明をしている。

Chesbrough, H.W., Vanhaverbeke, W. and West, J., *Open Innovation: Researching a New Paradigm*, Oxford University Press, 2006.（長尾高弘訳『オープン・イノベーション組織を越えたネットワーク』英治出版，2008年）

複合的な技術活用が重要となる現在において，企業が自社の内外のアイデアを結びつけ活用することが必要となる。そうした新たなイノベーションプロセスのフレームワークとして注目されるオープン・イノベーションについて議論している。

《レビュー・アンド・トライ・クエスチョンズ》

① 今日では情報技術の発展とともに，よりオープンな取引が行われるようになってきているが，完全な市場取引のみで資源の交換・配分が行われないのはなぜだろうか。

② 情報技術の発展はなぜ市場と組織の境界に影響を及ぼすのだろうか。またこうした情報技術の発展によって，日本型企業間関係は今後どのように変化していくだろうか。

第9章

変わる企業と変える経営

本章のねらい

　環境が変化するのにともなって，企業が変わってきたことをまず明らかにするとともに，経営が企業を変えていることを示していく。

　また，これからの日本企業の経営にはどのようなことがもとめられいるかを考えていきたい。本章から以下のことを理解することができる。

① 企業にとっての変化の意味
② 変化の創造と経営
③ これからの日本企業の経営

1 変化の意味

環境変化による経営学の変質

　20世紀の初頭に経営学は誕生した。この時期，企業は比較的安定した環境のもとで活動していたせいか，生成期の経営学は企業内部の問題を解明することを重視していた。具体的には，**テイラー**の「**科学的管理**」は，主に工場内部における能率向上をめぐって展開されていたし，1920年代から30年代の「**人間関係論**」といわれる研究は職場で働く人びとの人間関係に関心を払っていた。それらは，外部の環境との関係には注意を向けず，企業内部に関心を集中させていたのである。つまり，生成期の経営学はおおむね内向きの**内部志向性**の強いものであった。

　第2次世界大戦が終わり，20世紀も後半に入ると，企業をとりまく環境は急速かつ，はげしく変化するようになる。20世紀の前半も環境は変化していたが，後半には，変化のもたらす企業へのインパクトは大きくなった。このようななかで，内部志向性の強かった経営学は，環境とその変化に注意を払うものに変わっている。したがって，経営は外部の環境をなによりもまず観察・把握し，そのうえで企業内部の実状と企業のあり方を考えるようになり，経営学は外向きの**外部志向性**をももつことになる。

　内部志向性の強い経営学は，とりまく環境との相互関係をあまり考慮することなく企業をとらえていこうとするものであり，このようにしてとらえられる見方を"**クローズド・システム（閉鎖的な体系）としての企業観**"という。これに対して，外部志向性の強い経営学は，企業を環境と相互に作用しあう存在とみる考え方であり，"**オープン・システム（開放的な体系）としての企業観**"といわれている。

いずれにせよ，企業をとりまく環境の変化が顕在化し，経営学はそれへの対応のちがいによって大きく変質することになったのである。第4章で企業の環境をとり扱ったが，それは環境の観察・把握が重要であることを示している。そして，第5章の経営資源，第6章の経営戦略論と第7章の経営組織などは，企業内部の実状と企業のあり方を示している。

変化の受容

多くの場合，企業はこのような環境変化を受けいれなければならない。たとえば，**ケータイ**（携帯電話）を例にとってみよう。これが登場することで，固定電話へのニーズは大幅に減少した。かつて街なかのあちらこちらにあった公衆電話は少数になってしまった。

当然のことながら，一時期流行していたテレホンカードもほとんど姿を消してしまったのである。固定電話に関係する企業はケータイという製品によって影響をうけ，ニーズの減少という変化を甘んじてうけいれなければならなかったのである。いうまでもないが，固定電話だけを製造している企業があるとすれば，業績は大幅にダウンしたことであろう。このような事例は，ほかにも無数にあり，革新的な製品やサービスの登場の影響は大きい。

つぎに，「円高」を考えてみよう。第2次世界大戦後とくに高度経済成長以降，日本の企業のもつ力や産業力が強化されてきた。1970年代から80年代には，日本企業のエクセレンス（優秀性）が世界の関心を集めている。「**日本的経営**（Japanese Management）」に対するグローバルな評価が高まり，日本企業の海外進出や日本的経営の海外移転などが話題をにぎわした。それとともに，国際通貨としての「円」のポジションが向上し，円高が進んできた。

円高はとくに輸出企業の経営に対して悪い影響を与えるとし，円安へのニーズが高い。しかしながら，企業や業界に円高をとめる力はなく，

日本の企業はこれをうけいれなければならない。したがって，企業としてはこれに従って経営することになる。

　さらに，CSRの流れや環境問題への対応についても，企業としてこれを認めて活動することがもとめられている。個々の企業には社会的責任や社会貢献を果たすことが要請され，産業廃棄物の抑制，省エネルギー，低炭素化，生物多様性の保存など地球環境に配慮した活動は，どの企業も行わなければならない。21世紀は「**環境（エコ）の世紀**」になることが強くもとめられ，"Save the Earth"を実践することになる。現状では，この実践は十分ではないが，この流れは急速に進むものと考えられる。

　また，法的な制約と変更にも企業は従わなければならない。たとえば，公正な取引を行うために，国は法的な整備をはかり，違反が多くなれば，制約の内容をきびしくすることになる。逆に，**規制緩和**がとられることで，企業には自由や自律性が付与される可能性が生まれてくる。

　そして，**グローバル化**のなかで，自国とは異なる文化の国や地域で企業活動を行うことも日常的となり，増加しているが，それを無視したり，軽視することは思わぬ対立や混乱を生みだすことになる。したがって，現地国の法律だけでなく，文化も尊重した活動がもとめられる。要するに，現在のグローバルな時代とは，かつての国内的（ドメスティック）な時代とちがって，現地国のちがった文化をうけいれなければならない。

　このようにみてくると，企業は環境とその変化を受容し，それに従うことがもとめられている。つまり，環境の変化が企業の活動を制約しており，企業はそれに対応しなければならない。このような変化は企業にとっては不満であるが，たとえ抵抗したとしても，自分たちの思うようには変えられず，むしろ受身的に従わざるを得ない性格のものなのである。これにより，企業は変わることを余儀なくされる。

変化の継続と加速化

第1章でも述べたが，21世紀に入り，環境はまさに激動のなかにあり，きびしい状況にある。そして，変化はつづいていること，つまり継続で特徴づけられている。したがって，経営者だけでなく，企業で働くビジネス・パーソンはこの変化の継続にたえず注意し，どのような方向にすすむのか，インパクトがどのくらい大きな拡がりをもつのか，について情報を収集・整理していかなければならない。

しかも，変化はつづいているだけでなく，その速度を増しているように思われることである。変化のもつ方向性やインパクトの大きさだけでなく，**変化のスピード**が速くなっているのである。したがって，企業の対応にもスピーディさがもとめられ，たとえ判断がまちがっていなくても，スピーディに対応できないと，企業にダメージを与えることになる。

いずれにせよ，企業としては，どのような変化が発生し，それらがどのような方向にすすみ，どのくらいのインパクトをもち，どのような速さのものかを検討していなければならない。しかも，そのみきわめは，自分の企業にとってどのような意味をもつかを考えるものでなければならない。要するに，変化を受容するといっても，企業に選択がまったくなくなるわけではない。非常に制約されてはいるが，企業はかなりの選択を行うことができるのである。

2 変化の創造

主体的な活動としての「経営」

さらにいえば，企業を経営することには，むしろきわめてアクティブで主体的な活動が行われていることも認識する必要がある。前述したよ

うに，企業は受身的な活動を行っているものの，経営者を中心にして能動的に活動が展開され，すべての企業ではないが，企業自身が変化をつくりだしているのである。それは，**革新（イノベーション）**であり，具体的には，環境変化のなかでクリエイトの思想を重視しつつ，新しい製品やサービスを開発したり，事業の内容や経営の方法を変更したりして，企業経営のあり方を示す**ビジネスモデル**を再構築し，実行していくことを意味している。

　この主体的な活動がまさに経営そのものであり，企業活動を推進し，可動させる「**原動力**」になっている。第1章の言葉でいうならば，メイクの思想を実践するとともに，クリエイトの思想と，その実践としての上述の革新に尽力している姿こそが経営である。

　つまり，現代の企業は環境変化のなかで，それを考慮しつつ，メイクとクリエイトの思想のバランスをとりながら日々主体的に活動を行っており，既存の主力の製品やサービスの生産・販売と，新しい製品やサービスの開発の双方に注力しているのである。

　主力の製品やサービスは，いうまでもないが，売上高や利益の源泉であり，現状の企業を支えるとともに，新しい製品やサービスの開発を可能にする。しかし，消費者ニーズが変化したり，他社による新たな競合品が市場に導入されて，それにより売れゆきが低下するなど，主力の製品やサービスには，そのポジションを失うおそれはたえずつきまとっている。したがって，クリエイトの思想を重視して，新たな**主力製品**をつくるようにしなければならない。

　このように，経営とは，きわめて**アクティブな主体的活動**なのである。第1章で述べたメイクとクリエイトの実践を行いながら，経営が企業を変えていくという「**変革力**」になっている。これによって，企業は変わっていくことになる。

生活者に対する満足の提供

　企業がつくる製品やサービスは，それ自体が価値をもっている。それらは各種の経営資源を利用してつくりだされており，経営者をはじめとして企業で働く人びとの知恵や活動が投入されてつくりだされる成果である。それゆえ，製品やサービスは価値のあるものである。

　しかし，それは消費者や顧客に購入され，利用されてはじめて，真に価値あるものとなる。製品やサービスの利用から生活者が満足を得られることが大切であり，この満足を与えた見返りが売上高として企業に入ってくる。この満足の提供による見返りがなければ，企業は生きつづけることができなくなる。そこで，たえず満足を提供して，報酬が得られるようにしなければならない。経営とは，**生活者に満足を与える活動**なのである。

ライフスタイルの創造

　生活者に対する満足の提供がまず第一に経営にはもとめられるが，もうひとつ考えておかなければならないのは，企業の製品やサービスの開発が**新しい生活のあり方**を提案して，生活者の「ライフスタイル（生活様式）」を変えているということである。生活者の満足とは，別のいい方をすると，製品やサービスの利用によって，豊かで便利な生活を送れることである。企業はクリエイトの思想にもとづき，新しい製品やサービスをつくりだして，生活者のニーズに対応し，生活者の満足と生活の質をさらに高めている。

　そして，新しい製品やサービスが生活者の多くの支持を得てよく利用されるようになると，「ファッション（流行）」というべきものが生まれる。**ファッション**は一時的，短期間に終わってしまうものの，生活者のなかに定着してくると，それを使った生活（ライフ）がつくられる。こ

のようにして，生活環境が変わり，新たなライフスタイルが創造されることになる。

　たとえば，**宅配便**の企業は，小荷物の運送を変革し，生活者はみずから運ぶという作業をしなくてもよくなり，便利さを享受している。しかも，これが定着したので，荷物をあまりもたない旅行が可能になり，そのようなライフスタイルが確立している。

　そして，外食産業の発展は，食生活のあり方をおおきく変えてきた。家で食事することは現在でも一般的であるが，外食産業が発展してレストランや飲食店が多くなったので，食生活の一部は家の外で行われるようになった。

　また，すでに述べたように，**ケータイ**が普及してきたために，それまでの固定電話を使うというライフスタイルはかなりすたれてしまっている。さらに，多機能などの付加価値の向上により，これまでのところ進化をつづけるとともに，現在のわれわれの生活に定着し，ケータイなしのライフスタイルは考えられないものになっている。

　このように，企業はファッションをつくり，それを定着させることで，ライフスタイルの創造にかかわっている。そして，**クリエイト**の思想が重視され，実践されているから，新しいファッションがつくりだされ，ライフスタイルのつくり直しが行われる可能性がある。

　なお，このようにしてつくりあげられたライフスタイルは，それによって消失ないし減退することになったそれ以前のライフスタイルの再生をむずかしくしている。いまあるライフスタイルが前提であり，もとに戻ることはないのである。企業は既存の製品やサービスよりもすぐれたものをつくろうとするために，それ以前のライフスタイルにもう一度帰ることはできない。**レトロ**（過去をなつかしく回顧する）志向や伝統的な職人の技術へのあこがれなどは，それ以前の伝統的なライフスタイルを思いださせるが，しかし基本的にそれにもどることはできない。

2面性をもつ企業への新たな課題

このようにみてくると，企業は変化を受身的にうけいれるとともに，他方では変化をつくりだしている。企業は変化の創造にアクティブにかかわっており，能動的でもある。そして，変化の創造を担うのが経営である。要するに，企業は受身的でありながら，能動的であるという2面性，つまり環境の受容と環境の創造をもっている。これは，第1章で用いた言葉でいうと，**同時併存性**を意味している。

また，環境問題がグローバルに顕在化するなかで，企業はそれに早急に対応することがもとめられている。「環境（エコ）の世紀」といわれる21世紀は，とくに地球の自然環境を保全・維持しなければならず，これをおこたると人類の生存が危機的にとなると考えられる。企業だけでは自然環境の保全・維持はできないが，**環境問題**の顕在化に企業が大きくかかわってきたことは事実であり，企業の責任は重い。

いずれにせよ，現代の企業はこのような新たな課題に直面しており，その解決に誠実に取り組まなければならない。

3 「新しい経営」の模索と展望

ビジネスモデルの重要性と日本企業のポジション

経営とは革新であり，新しい製品やサービスを開発したり，事業の内容や経営の方法を変更したりして，企業経営のあり方を示す**ビジネスモデル**を再構築し，それを実行していくことであるとした。企業は，このビジネスモデルを変える活動を行い，そして生活者に満足を提供することで，生きつづけることができるのである。したがって，ビジネスモデルの再構築と実行が21世紀を生きる企業にとっては重要であり，たえず

模索を継続していかなくてはならない。

　第2次世界大戦で敗戦となったわが国は，経済の復興と成長の過程でアメリカを中心としたビジネスモデルを学習してきた。日本の企業はアメリカの影響をうけるという「**アメリカナイゼーション**」のもとにあり，日本的特徴をもちながらも「アメリカの経営に学ぶ」ことが多かった。

　しかし，1970年代から80年代に入ると，工業先進国のなかで日本企業の優秀性が目立つようになり，それが「**日本的経営**」によるとの評価が行われることになる。これにより，「日本の経営に学べ」という風潮が世界的に高まっている。人的資源管理や意思決定における日本的な特徴が日本的経営といわれてきたが，それがビジネスモデルのひとつとして認められ，「アメリカナイゼーション」にかわって「**ジャパナイゼーション**」が台頭し，日本的経営の海外移転の可能性が試みられたのである。

　ところが，バブル経済が崩壊することで，「日本的経営」の時代は短期間のうちに終わり，1990年代前半以降，「**失われた10年**」の言葉が示すように，日本企業の経営は不振や停滞の苦しい状況に陥っている。雇用リストラが行われ，学生の就職はきびしいものになった。そして，全体的にみると，日本の企業はいまだすすむべき道をみつけることができていない。さらにいえば，非正規の雇用が増加して，それが格差社会を生みだす原因になってしまった。

　このようななかで，韓国，中国，インド，ロシア，ブラジルなどの経済発展と企業活動の活性化が顕著になっている。おそらくこれらの国の企業のなかから，21世紀の新たなビジネスモデルがつくられることと考えられる。その意味では，日本の企業は新興勢力の台頭により追いつかれ，追いあげられる立場になっているのである。

追われる日本企業の経営

　それでは，日本企業は21世紀をどのようにしたら生きつづけることが

できるのか。それには，まず「テクノロジー・オリエンティド（技術重視）」と「マーケット・オリエンティド（市場重視）」の経営を展開しなければならない。日本の企業はこのような経営をこれまでも重視してきたが，それをさらにいっそう推進する必要があり，これにより国際的な競争優位を維持することができる。

研究開発を重視し，クリエイトの思想を生かしながら，たえず高い品質と技能をもつ製品やサービスをつくる経営を優先しなければならない。それは，"技術立国・日本"の貫徹と実行である。しかも，あわせて，コストを低減させ，環境にも配慮したものにしなければならない。要するに，**高品質・高機能，コスト低減，環境配慮**，の3つのバランスがもとめられ，どれも重視しなければならない。

このようなテクノロジーの重視とともに，他方で市場への適応も大切である。グローバル化の時代となり，製品やサービスにもとめられる高い品質や機能はグローバルな価値になるが，他方それぞれの国とか地域の特性やニーズを反映した製品やサービスの提供が重要である。いい商品といっても，それぞれの国とか地域の生活者がどのような生活を行い，どのような商品をもとめているかを知ったうえで対応する必要がある。

いずれにせよ，テクノロジー・オリエンティドとマーケット・オリエンティドという経営の基本的な考え方を再認識する必要がある。しかも，片方だけにかたよらず双方に注力し，国際競争力を維持・発展させることが大切である。

「成熟社会」と「格差社会」のはざまのなかで

第2次世界大戦直後の日本は，必ずしも「豊かな社会」ではなかった。しかし，高度経済成長期のあと，国民所得が高まるとともに，企業はおおきな発展を遂げている。そして，企業がつくりだす製品はきわめて多種類かつ大量なものとなり，所得が増加した生活者はそれらを利用する

ことによって豊かで便利な生活を享受できるようになった。まさしく，企業は生活のサポーターになったのである。

それぞれの家庭は，企業がつくる"モノ"であふれるようになり，「豊かな社会」が実現することになった。社会の豊かさは別の言い方をすると，人びとが生活に満足することであり，社会が成熟してきたことである。つまり，それは「**成熟社会**」の到来を意味している。

しかし，成熟社会の到来のなかで出現したのは，"**モノばなれ**"や"**多様で高質のサービスへの欲求**"である。もっといいモノは欲しいが，いまあるモノは充足しているので，モノが足りない「貧しい社会」のようなモノへの強いニーズは減退したのである。そして，生活者のニーズは文化・教養，教育，スポーツ，旅行，健康，福祉などに関するサービスをもとめる方向にも変化してきた。

このような社会の成熟化に対して，企業はどのように対処したらよいのであろうか。つくれば売れる時代は終っただけでなく，生活者が確実に変化したことを十分に認識できないとすれば，そのような企業は早晩消え去る運命になることであろう。

もっとも，すでに述べたが，1990年代前半以降の「失われた10年」のなかで，雇用の機会の確保が困難になるとともに，非正規の雇用が増加した。そして，それは「**格差社会**」を生みだし，とりわけ若年層においてこのような雇用上の差別が多く，仕事を得られないことから若年層の貧困化，"**プアーなヤング**"の増加がみられている。

成熟社会という基調は大きく変わっていないものの，若年層を中心とした雇用問題から発生した貧困化は成熟した社会を不安定にするおそれがある。かつての日本の雇用（正規雇用，終身雇用など）を再生することはむずかしいであろうが，このような雇用問題をめぐって，日本の社会を安定化させる責務が企業には確実に課せられていると考える。

「活力」と「品格」の同時併存性

　これからの日本企業には活力ある経営がもとめられている。**活力**とは「若さ」のもつ元気から生じており，若さにもとづく活力は変化や新しさ，つまり革新をつくりだす源泉である。環境変化の現代にあっては，経営は過去の延長では行うことができず，これまでとは異なるものをみつけなければならない。

　そのためには，企業は大学や研究所と同じように，「**知創造のシステム**」であることが期待される。それは，常識や慣行を疑う，他人の批判や異質な人間を許容する，自由な雰囲気を大切にする，競争状態を好む，貢献を正当に評価する，などの**経営文化**によって可能になるであろう。これらの経営文化は健全な若者たちが支持したり，同意するものであり，「知創造のシステム」を有効に機能させるのである。

　それはまた，日本の企業が女性，外国人，障がい者，高齢者などもバランスよく採用し，**多様性**（ダイバーシティ）をうけいれることである。そして，それを真に認めるようになれば，多様な人びとが働いている場の調整が課題になってくる。

　もうひとつ，このような活力を発揮させ，若さをキープするとともに，矛盾するかもしれないが，「**品格**」ある経営を目指す必要がある。それは人間にたとえれば，成熟した大人の特性であり，品性や人徳をかねそなえ，周囲の人びとから尊敬されるものである。要するに，すぐれた「社格」をもつ企業づくりが目標とされなければならない。

　そのためには，まず企業倫理を遵守し，法令に従い（コンプライアンス），CSRを積極的に実践し，それによってステークホルダーに奉仕することである。また，コーポレート・ガバナンスを公正に行い，情報を社会に公開し，企業市民として社会から正当に評価されるようにしなければならない。

起業家精神の高揚

　さらに指摘しなければならないのは、「起業家精神」を高めていくことである。第2次世界大戦後、日本の企業が発展するなかで、**企業に雇われて働くという価値観やライフスタイル**が日本人には定着・浸透してきた。要するに、働くということは、雇われて働くことを意味するものになった。大企業の経営者も、その多くは**専門経営者**であることで雇用された人びとであり、創業者やオーナーといわれる人間ではない。

　第2次世界大戦後の日本の社会は、雇われて働くという「**従業員社会**」になり、起業家精神が減退してしまったといってよい。しかし、21世紀の日本の社会を持続可能なものにするためには、「起業家社会」に変えることが必要となる。企業に雇われて働く人材も必要であるが、企業をみずからつくり、人を雇い、報酬を支払う人材がでてくることが持続可能な社会づくりに大切になっている。そこで、どうしても起業家精神を高め、**起業家を育成**しなければならない。

　そして、既存の企業においても起業化精神の高揚は必要である。とくに大企業では、「企業内起業家」を育てるだけでなく、離職して起業する人材を支援することも大切である。中小企業においても、その活性化のためには起業家精神をつくりださなければならない。さらに、地域社会の問題を解決することをめざす**コミュニティ・ビジネスや社会起業家**（ソーシャル・アントレプレナー）などの担い手は起業家精神をもっており、彼らへの期待は大きい。

　日本の経済や社会は閉塞的な状況にあるといわれるが、それを打破し、持続可能な社会につくりあげるためには、このような起業家精神をもつ人材の活動がもとめられている。それは、日本人が働くことに関して自立、自営の考え方を再生することであり、雇われて働くにしても、この考え方をもつことが必要であることを示している。

《参考文献》

齊藤毅憲『教養の経営学』中央経済社，1985年

齊藤毅憲『革新する経営学』同文舘，1995年

齊藤毅憲『経営学を楽しく学ぶ』中央経済社，2002年

《いっそう学習（や研究）をすすめるために》

沼上幹『経営戦略の思考法』日本経済新聞出版社，2009年
　経営戦略の考え方は有益であり，経営学のメインストリームである。経営戦略について，具体例などをあげて説明しており，本書から得られることは多い。

高井紳二・宮崎洋『技術ブランド戦略』日本経済新聞出版社，2009年
　技術（テクノロジー）のもつ意味を経営学の立場から検討しており，日本企業のこれからのあり方も示している。

《レビュー・アンド・トライ・クエスチョンズ》
① 変化の受容はどのようなことであり，あなたにとってとくに関心のある事例をあげてみて下さい。
② 「企業はライフスタイルを創造する」とは，どのようなことを意味しているのでしょうか。
③ これからの日本企業の経営につき，あなたの関心をひいたものはなんでしょうか。

第 10 章

経営学を使う

本章のねらい

　経営学は，企業経営が行われている場に役立つという実践的科学の性格をもっている。その意味で本章では，「経営学を学ぶ」をこえて，「経営学を使う」という視点から，以下のことを考えてみたい。

① 企業や組織体で生きることの意味
② 経営学における学習レベルの進化（「知る」から「使える」，そして，「できる」へ）
③ 経営を実践することの具体例

1　企業や組織体で生きること

自己責任のキャリア形成の時代へ

　大学などでの教育を終えると，ほとんどの人びとは企業や組織体に雇用されて働くことになる。かつては，同じ企業やその関連会社・子会社で**キャリア（職業生涯）**をまっとうすることが一般的であると考えられてきたが，現在では離職・転職することも多くなっている。

　しかも，現在の基調は**自己責任によるキャリア形成**である。自分のキャリアはみずからつくりあげるものであり，自分の責任で行わなければならない。終身雇用や年功序列が支配的であった時代には，キャリア形成は企業などにまかせていた部分が大きかったが，時代は確実に変わってしまったのである。

　1990年代前半にバブル経済が崩壊し，企業の業績が悪化するなかで，中高年層だけでなく，若年層をも対象とした**雇用リストラ**（人員整理）が大規模に実施された。さらに，新卒者の採用の削減や中止が行われるとともに，非正規社員の比重が増加し，これにより企業をたよりにして生きることがむずかしくなってきた。企業で雇用されて働くとしても，自己をしっかりもっていることがもとめられている。

　このようななかで，「**エンプロイアビリティ**」（employability）という考え方が主張されるようになる。直訳すると，雇われるのに足るだけの能力をもっていることであり，具体的には，働く側が雇用されるための高度で専門的な職業能力を保持することが大切であるという考え方である。かつての日本企業は，終身雇用のもとで時間をかけて働く人びとの能力開発を行ってきたが，その余裕がなくなるだけでなく，採用時点で即戦力的な人材をもとめはじめていることをこの言葉は示している。

自立性がもとめられる仕事の遂行

 以上のこととならんで考えておかなければならないのは，IT化の進展で企業においてEメールや社内のインターネット（イントラネット）が活用されることにより，情報のネットワークが自由自在につくられるようになり，これまで行われてきた上司から部下への階層重視の命令系統とはちがったものになりつつある。

 上司と相談したり，命令をうけることは当然あるが，現場の新人の担当者といえども**情報のネットワーク**の中心にいて，しっかりとした判断や情報の提供がもとめられるようになっている。そこでは，自分の主体性を確立して，仕事を遂行できることが要請されている。

 要するに，ひとりひとりの自立性が前述の自己責任とともに必要とされる時代になっている。そして，このようにして，確実に日本の企業における仕事のやり方や考え方は変容してきたのである。

ビジネス・パーソンにもとめられるもの

 前述のほかに，働く人びと，つまり**ビジネス・パーソン**にはどのようなことがもとめられているのか（図表10－1）。企業で各個人の行う仕事は，すべてが必要であるから行われている。一見するとささやかで，つまらないようにみえる仕事でさえ，企業にとっては必要なのである。そこで，「**小事も大事**」であることを十分に意識し，仕事には不正をせず，そして，手をぬかずにしっかりと取り組むことが大切である。しかも，現在自分に割りあてられている仕事を遂行できる力を身につけ，それが低下しないように努力すべきである。その点では経営学の理論や技法を学習するだけでなく，企業内外で経験を積むことも重要になる。

 しかし，現在の仕事だけでなく，将来行うことになりそうな仕事についても遂行できる準備を行い，長いキャリアで困らないように努めるこ

ともあわせて大切になる。時代のトレンド（傾向）は変化であり，仕事もその影響をうけて変わったり，**陳腐化**（使いものにならない）してしまうこともある。また，新たに別の仕事も登場してビジネス・パーソンはそれらにも対応しなければならず，大学を卒業してからも主体的に学習しないでいると，仕事のできない人間になってしまうおそれがある。それは，個人にとっても企業にとっても不幸なことである。

　そこで，みずから積極的かつ前向きに学習に取り組むという「**主体的学習人**」として，いろいろな学習や経験をしつつ，自分のもちまえ，つまり自分の長所や潜在能力を発見して，現在から将来にわたって仕事ができる人間になることが大切である。

図表10－1　ビジネス・パーソンの主たる要件

ビジネス・パーソンにもとめられるもの	現在の仕事遂行能力を維持すること ・不正をしない ・しっかりと仕事ができる ・小事も大事につながることを知る
	将来の仕事遂行能力を準備すること ・キャリアが長いことを知る ・変化によって仕事に盛衰があることを知る ・自己啓発に努力する

知識の習得と経験の重要性

　経営学の学習は，第1章の3で述べたように，出版物を通じて行うことができる。膨大な出版物は図書館などにはあるから，それを利用できる機会がある。そして，とくに理論や技法といわれるものは，しっかり習得すると，企業や組織体の現場で実際に使用することができる。"大学の学習などは企業の現場では使えない"といった批判もあるが，しっかり学習するならば，必ず有効に使えると考えるべきである。

使えないというのは，しっかり学習していないことから生じる。理論や技法を教えてもらったが，理解できないところがあったり，訓練不足で使えないということがある。理論の内容を把握していないとか，技法のやり方のステップや留意点，つまりマニュアルが身についていなければ使えないのは当然である。

もっとも，もうひとつ考えておければならないのは，組織体の現場をできるだけ正確にとらえ，どのような理論や技法を使えばいいのかを検討し，判断することである。現場で起きている問題がなんであるかが判然としないのであれば，どの理論や技法を使うのがよいのかが決まらないことになる。

経営学を使えるようにするためには，この2つのことがある。このことを十分に心してほしいと考えている。そして，この2つを実践すると，だれでも経営学を使えるのである。

さて，現在では，ビジネス・スクールといわれる経営系，ビジネス系の大学院教育がわが国でも盛んに行われている。ここでは，"**知る**"だけでなく，"**使える**"知識の習得が重視されており，企業や組織体で働きながら学習している社会人が増えている。そして，アメリカではMBA（経営学修士，Master of Business Administration）を取得すると，ビジネス・エリート（経営者やマネジメント・コンサルタント）への近道になるといわれてきた。

他方で，経営学の学習はこのような大学（院）だけでなく，みずから企業や社会のなかでいろいろな体験をすることで行うことができる。古来より，"**よく学び，よく遊べ**"という言葉があるが，前者の"よく学び"は上で述べたことであるのに対して，"よく遊べ"は**経験の重要性**を意味している。

学生時代のクラブやサークル活動でのリーダーとしての経験や，企業での種々の仕事上の経験は，経営学の学習にとって不可欠である。組織

図表10－2　経営学の学習方法

（図：中心に「知識の習得」、周囲に「経験とその活用」）

をまとめる能力（リーダーシップやチームワーク力），アイデアを考え出す**企画能力**，全体状況をとらえ，分析できる**分析・判断能力**や**問題解決能力**，**責任感や倫理観**，エネルギッシュな**活動力と忍耐力**などは，このような経験から習得できるものである。たとえば，体育系のクラブのマネジャーは，クラブを動かすために必要な日々の作業により業務遂行能力を身につけている。

　このように考えてくると，知識の習得だけでなく，経験をするということが重要である。そして，この2つの要素のバランスをとることが，経営という仕事を担う人間には求められている。つまり，知識の習得にのみ依存することはできないし，また経験だけに頼ることもできないのであり，両者のバランスをうまくとらなければならない（図表10－2）。

　よくいわれるように，知識の習得だけにかたよると，「**知識偏重**」になり，頭でっかちになり，動けない人間になってしまうかもしれない。しかし，なんでも体験で解決できるという「**経験主義**」にこだわることになると，経営の理論や技法が軽視され，合理的に問題を処理できなくなるおそれがある。また，未経験だからといって，しりごみしてしまうことにもなりかねない。

社会人基礎力の育成

社会人基礎力の育成が大学や学生たちに求められている。企業などで働くために必要となるのは、「人間性や基本的生活習慣」（思いやり、公共心、倫理観、基礎的なマナー、自分の身のまわりのことを自分で処理できること、など）、「基礎学力」（読み、書き、算数、ITスキルなど）、「専門的な知識」（仕事遂行に必要な知識や資格など）のほかに、「社会人基礎力」があるという。

これは、経済産業省の研究会の提案であるが、それは、「**前に踏みだす力（アクション）**」、「**考え抜く力（シンキング）**」、「**チームで働く力（チームワーク）**」の3つの能力からなっている。前に踏みだす力とは、一歩前に踏みだして失敗しても粘り強く取り組む力であり、考え抜く力は、疑問をもち、考え抜く力のことである。そして、チームで働く力は、多様な人びとと一緒に目標にむかって協力する力をさしている。

この3つの能力は、具体的には以下の合計12の要素からなっている。

① **前に踏みだす力**
 ・主体性（ものごとに進んで取り組む力）
 ・実行力（目的を設定し、確実に行動する力）
 ・働きかけ力（他人に働きかけ、巻き込む力）

② **考え抜く力**
 ・計画力（課題の解決にむけたプロセスを明らかにし、準備する力）
 ・課題発見力（現状を分析し、目的や課題を明らかにする力）
 ・創造力（新しい価値を生みだす力）

③ **チームで働く力**
 ・発信力（自分の意見をわかりやすく伝える力）
 ・傾聴力（相手の意見をていねいに聴く力）
 ・柔軟力（意見や立場のちがいを理解する力）

- 規律性（社会のルールや人との約束を守る力）
- 情況把握力（自分と周囲の人びとやものごととの関係性を理解する力）
- ストレスコントロール力（ストレスの発生源に対応する力）

このような社会人基礎力は，かつては企業などで働くなかで自然に時間をかけて身につけていた。しかし，すでに述べたように，エンプロイアビリティが重視されて即戦力的で，しかも自立性をもつ人材がもとめられるような状況にあっては，大学や学生たち自身の問題として，これを考えていかなければならなくなっている。この社会人基礎力の育成には，**課題解決型の学習をグループワークで行うのが有効であり**，このような学習を推進している大学がみられるようになっている。

講義は専門的な知識を獲得するのに有効であるが，前述した3つの能力と12の能力要素の育成には不向きであり，課題解決型のグループワークによる学習が役立つのである。それには，自分の住んでいる地域の企業などから課題を提供してもらい，それを何人かのメンバーで期限を決めて解決してみてほしい。当然のことながら，解決にあたっては教師の支援をうけることも大切である。

2 経営学における学習レベルの進化

「知る」から「使える」へ

このように考えてくると，大学で講義を受けたり，自学して経営学の理論や技法をまず「**知る**」ことが大切になる。これについては，大学などでは試験を通じて知っていることを評価される。もっとも，試験にパスするために，一生懸命に勉強して知る努力はするが，終わってしまうと，それきりになって忘れることになる。つまり，単位を取得してとりあえず知っていることになる。しかし，試験が終わると，忘れてしまう

ことも多いのである。

　それに対して，予習や復習をたえず行っていると，「**知る**」といっても，一時的な試験対策とちがい，学習効果が生じて身につくことになる。これは，試験のために知るというレベルのものから，「**わかる**」というレベルにすすんでいる。

　そこで，わかるという理解が高まるところにまで，是非とも進行させることが望まれる。教師でも講義を行い，これをくり返すことで理解が深まるのであり，教師にとっても予習や復習は大切なのである。

　そして，さらにいえば，「**知る**」から「**使える**」理論や技法にしたいと考えている。そのためには，たとえば，**事例研究（ケース・スタディ）**を行って，関心のある企業を分析・検討し，経営上の問題点を発見するだけでなく，それに対する解決策をつくりだすことが大切になる。そして，この分析・検討を通じた問題点の発見と解決策の提案を行う際には，当然のことながら経営学の理論や技法を使うことがもとめられる。これは，「**コンサルティング（診断）活動**」というべきもので，医者が患者を診察して，治療するのに似ている。経営がうまくいっているようにみえる企業でも必ず問題をかかえており，それを見つけて，処方をつくってほしい。

　経営学のパイオニアである**テイラー**は，コンサルティングに従事し，**マネジメント・コンサルタント業**をつくりあげている。彼は企業とくに生産現場が非能率な状態である理由を解明し，能率向上のための考え方をみつけだした。

　コンサルティングができるようになれば，まさに経営学が身についたことになる。現在では，大学の内外で**ビジネスプラン（事業計画書）コンテスト**が行われているし，企業ではインターンシップなどが頻繁に行われている。したがって，コンサルティングを実施できるチャンスが拡がっている。

さらに，就職活動や卒業研究のための企業研究・業界研究にもコンサルティングの要素が当然のことながら入ってくる。前述したビジネス・スクールでは，コンサルティングができる能力の育成がはかられているが，学部でもできるだけそれを行っていくべきである。

「できる」経営学の意味

　「使える」から，さらにみずから経営を「**できる**」ものにするには，企業で働いて経営のポジションにつくとか，起業家になって自営することがもとめられる。経営という仕事は人を雇い，仕事を割りあて，給料などの報酬を払う人間の行うことであり，企業を目的の達成にむけて動かしていくことである。それには経営学の理論や技法を学習するだけでなく，経験を積むことも必要になる。

　学生時代はどうしても試験をパスするための「知る」経営学が中心になりがちであるが，少し意識して取り組むと，「わかる」ことになるとともに，「使える」経営学の段階にすすむことができると思われる。

　たとえば，マーケティングなどのゼミナールで**地元の商店街診断**を行うとする。多くの商店街は衰退や停滞の状況にあり，どうしたら商店街の再生や活性化がはかれるかということが問題になっている。そこで，商店街のコンサルティングを行い，再生や活性化の方策を提案することになる。この「使える」レベルにまですすむと，経営学はおもしろいものになる。これはまさに使えるものの1例といえる。そして，商店街にある空き店舗を活用して実際にお店を開店させたとすれば，それは「できる」経営学となる。

　この**空き店舗**を活用したお店づくりの例ばかりか，学生ベンチャーのように学生が起業する場合には，「できる」機会がいっそう生まれる。また，外食産業のパートであっても，マネジャー的な仕事を行い，部下の育成や指導にかかわっている人もいる。この場合にも経営を行ってい

るといえる。

さらに,クラブやサークルで部長などを引きうけ,チームづくりを行ったり,まとめ役をしているとすれば,同じように経営をしていることになる。このような段階が「できる」なのである。これらは経営を実践する,つまり経営を行うことであり,楽しいこともあるが,苦しいことも少なくないと考えられる。

3 「経営を実践する」具体例

第1章の2で経営の意味をいくつか紹介した。ここではそれらの意味を用いて,経営を実践する,つまり「できる」経営を具体的に考えてみよう。

古典的な定義の実践

「人びとを通じて,ものごとをしてもらうこと」という古典的な定義を引用したが,マネジャーといわれる人びとは部下となる人びとの協力を得て,企業などの組織体の目的を達成すべく,部下に仕事を割りあてて仕事をしてもらっているという。つまり,経営とは,部下に仕事を配分し,彼らの仕事ぶりをみることであり,仕事をしっかり遂行してもらうためには,動機づけを行うことが必要になる。

経営を良好に実践するためのヒントを,**ブランチャード**（Blanchard, K.）と**ジョンソン**（Johnson, S.）の『**1分間マネジャー**』（*The One Minute Manager*, 1981, 小林薫訳, ダイヤモンド社, 1983年）で考えてみる。それによると,有能なマネジャーは,①1分間で目標を設定する,②1分間でほめたたえる,③1分間で叱る,ことができるとしている。

まず**目標の設定**であるが,これは部下に割りあてられる仕事のことをさしている。よくあるのは,割りあてられる仕事の内容について,上司

と部下との間で言い分にくいちがいが発生することである。そこで，上司は部下の行う仕事について説明し，両者の間で合意が得られると，目標ひとつひとつを1枚の紙に250字以内で書きあげるべきであるという。これによって，だれでも1分間以内に読めて，くいちがいもなくなる。そして，この紙を双方がもち，お互いにその進み具合を定期にチェックできることになる。

②と③は，部下の仕事ぶりをみて，**モティベーション**を行うことに関連している。まず仕事ぶりについて指摘することがあると前もって部下に伝え，その場でほめ，仕事ぶりのいい点を具体的に話してやることが大切としている。そして，仕事ぶりがいいので，上司としてうれしく，しかも企業や担当部門に貢献していることを伝えるべきという。さらに，ひきつづきがんばるように励まして，部下の仕事の成功を支援していることをわからせる必要があるとしている。

このように，ほめるとともに，もうひとつ，まちがった点はただちに叱り，それを具体的に**教える**ことが必要となる。そして，まちがいをみてどのように感じたかをはっきりとした言葉で部下に話し，相手がそれをしっかりと感じとれるようにする。

同時に，そのあと自分が部下の味方であり，好意をもっていることをわからせ，部下を高く評価していることをわかってもらうことも必要としている。要するに，叱責が終わったら，それですべておしまいであることを認識させることになる。そして，このような②も③も，1分間以内に行うのである。以上の①，②，③によって，有能なマネジャーとなり，経営をしっかり実践できるのである。

PDCAサイクルの活用

企業などの組織体の現場で頻繁に使用されている**PDCA**とは，Plan（計画），Do（実施），Check（評価），Action（活動）の頭文字をとったも

ので, "ピー・ディー・シー・エイ・サイクル"といわれる。これは, 経営者やマネジャーがなにかを行おうとするときにとられる一連の活動のプロセスを示しており, まず計画をつくり（P）, それを実施し（D）, 実施の結果を評価し（C）, うまくいかなかったときには, 是正処置をとる（A）, ということを意味している。

　PDCAサイクルは, 企業だけでなく, 行政やNPOなどでも採用され, このプロセスにもとづく活動を行うことがもとめられている。つまり, 計画のない実施や評価はありえないし, また計画や実施は行われて, 評価のない経営もありえないことになる。

　このサイクルは, 個人がなにかを行おうとするときにも使える考え方である。たとえば, 自分が「資格取得」などを目的にする場合にも当然使えるもので, 人生や生活の設計（ライフ・プラン）の全般に適用, 実践できるのである。

　さて, PDCAサイクルの考え方をつくったのは, だれであろうか。それは, 第1章の2で述べたファヨールである。彼は経営を「計画化→組織化→命令→調整→評価」という過程で分析したが, Do（実施）が組織化, 命令, 調整からなると考えると, 同じものとなる。Action（是正処置）は評価（C）の結果として導出される活動であり, 新しい計画づくりの基礎となるものである。

経営戦略論を使う

　1960年代以降, 中核理論として経営学の経営戦略論が発展してきた。企業をとりまく環境の変化がはげしいので, それを予測しつつ, 将来の企業の目標や方向性を決めていかなければならない。とくに本書の第6章でも述べたSWOT分析は, よく使われる分析手法である。SWOTのSはStrength（強み）, WはWeakness（弱み）, OはOpportunity（機会）, TはThreat（脅威）のそれぞれの4つの頭文字をつなげたものであ

る。これらのうちOとTは、環境の分析で環境にどのような**機会**つまりチャンスがあるのか、そして、どのような**脅威**つまりピンチになるようなことがあるのかをみつけだすことである。チャンスをうまくいかせば、企業として成長しうるかもしれない。しかし、他方でピンチがあるのにそれに気づかず、対応をとらないとすれば、企業の経営にダメージを与える。そこで、企業をとりまく環境の分析は重要となる。

一方、SとWは、企業のもっている**強み**と**弱み**のことであり、これをしっかり認識しなければならない。企業の目標を達成するために必要となるのが経営資源であるが、その主なものには、ヒト、モノ、カネ、情報などがあるといわれている。したがって、経営資源の観点でたとえば、「わが社にはヒトがいるが、カネがない」という言い方は、ヒトの面では強みがあるものの、資金面で弱みをかかえていることを意味している。

とくに、同業他社の追従を許さないとか、他者がまねのできないようなものが経営資源にあるならば、その企業の大きな強みとなり、**競争する際の優位（アドバンテージ）**を保てているということになる。企業は競争関係のなかで活動しているので、技術やソフトがすぐれているとか、営業力があるとか、組織の結束力が強い、などといった優位をもつことは企業にとって強みになるわけである。

経営戦略は、このような環境の分析と企業のもっている経営資源の分析とをうまく結びつけて作成していく。企業経営の成功はまずこの経営戦略づくりにあり、そのあとにこれを実現するために尽力する。そして、経営戦略の作成と実行が良好に行われると、企業は生きつづけることができるようになる。

経営戦略論の考え方は使用可能なものであり、SWOT分析はその典型となる。しかも、うまく使えば、企業の目標や方向性がつくられ、企業の存続の可能性が高くなるのである。その意味では、第4、5、6章の学習を深めて使えるようにしてほしいと考えている。

「代表する」仕事の訓練

経営を実践するという意味でさらに重要なのは,「**代表する**」という仕事である。社長などの経営者は,役員会を主催するだけでなく,会社を代表しており,最終的な責任者としての活動を行っている。業界団体の会合に出席して発言するのも,この代表という仕事であるし,重要な取引業者との交渉にかかわるだけでなく,取引書類にも代表者として氏名が記載される。要するに,ステークホルダーとの関係において会社の代表者としての役割を果たしている。

しかし,経営者以下のマネジャーも自分の担当する部署の責任者として,同じように「代表する」仕事を行っている。この代表という仕事の典型のひとつに,公式的な会合などであいさつをしたり,お祝いを述べたり,激励したりなど口頭で発言することでもある。したがって,しっかり話ができること,つまり**プレゼン**(テーション)が大切である。つまり,代表者には立派なプレゼンがもとめられている。

学生時代からプレゼンの訓練を行っていると,将来経営の仕事を担当するときにそれが活きることになる。書類やレポートをつくるだけでなく,口頭で発言できる能力やスキルを身につけておくことが重要となる。中小企業の後継者として,若くして経営者になる人もいるであろうが,そのような人にはとくにこのことを意識してほしいものである。

「経営すること」への意欲を!

経営を実践することで,最後に述べておかなければならないのは,**経営することへの意欲**,つまり「経営したい」という気持ちをもつことである。経営したい気持ちがないならば,経営を実践することはできない。経営学の理論や技法を学習し,さらに経験を積んだとしても,意欲がなければ実践はできないのである。

つまり，雇われて上司の指示にしたがって働くのではなく，みずから人を雇用し，報酬を支払う側の人間，目的の達成にむかってリードしていく人間になりたいと思わなければ，経営の実践はできないことになる。このように，あたり前かもしれないが，経営したいとか，起業してみたいという意欲が大切なのである。

《参考文献》

齊藤毅憲『経営学を楽しく学ぶ』（ニューバージョン）中央経済社，2002年

齊藤毅憲『スモール・ビジネスの経営を考える』文眞堂，2007年

齊藤毅憲監修，関東学院大学経済学部経営学科編『経営学がおもしろい』関東学院大学出版会，2010年

《いっそう学習（や研究）をすすめるために》

齊藤・佐々木・小山・渡辺監修，全国ビジネス系大学教育会議編『社会人基礎力の育成とビジネス系大学教育』学文社，2010年
社会人基礎力についての体系的な著書で，どのような教育プログラムで育成されているのかについて明らかにしている。

《レビュー・アンド・トライ・クエスチョンズ》

① 企業や組織体で生きることは，あなたにとってどのような意味をもっていますか。
② テキストの学習をふまえて，経営学における学習の進化プロセスを要約するとともに，あなたはどこまで進めようと考えていますか。
③ 「経営を実践する」具体例のなかで，あなたの関心をひいたものはなんでしょうか。

索引

あ行

ISO26000　83
アウトプット（産出）　24,92
アーキテクチャ　175
空き店舗　206
浅沼萬里　169
アセンブラー　169
アップル社　100
アライアンス（企業提携）　102
安全性欲求　153
アンゾフ，H.I.　114
アンゾフ・マトリクス　118
安定株主化　51
アンドリュース，K.　115
暗黙知　97
委員会等設置会社　56,58
意思決定　9
　　──の権限　46
伊丹敬之　47
一時的な組織　144
5つの競争要因（5 Forces）　122
一般環境　68,69
『1分間マネジャー』　207
ETC　76
イノベーション　27,97,186
異文化間コミュニケーション　106
異文化マネジメント　96
インクリメンタル・イノベーション　27
インテグラル・アーキテクチャ　176
インテグラル型（擦り合わせ型）　176
インプット（投入）　24,92
ウィリアムソン，O.E.　161
ウェーバー，M.　47
ウォーターマン，T.P.　99
失われた10年　190
内向きの経営　51
売り手（供給業者）の交渉力　123
ウルリッヒ，K.　176
エクイティファイナンス　94
エクセレント・カンパニー　99
エコカー　76
SR規格　83
SRI（社会責任投資）　81
S-C-P（産業構造─産業行動─産業成果）　116
エバンス，P.　128
M&A　50,102
MBA　201

エンジェル　95
エンプロイアビリティ　198
王子製紙　85
おおまかな監督や指揮　156
オープン・イノベーション　129,163,177

か行

会計参与設置会社　56
会社人間　34
会社法　55
階層短縮化　156
階層分化　44
買い手（顧客）の交渉力　123
外部化　172
外部環境要因　67
外部調達　102
価格帯　74
科学的管理　7,182
格差社会　192
学際的なアプローチ　16
革新　9,186
課題解決型の学習　204
活力　193
金のなる木　120
過半数株支配　49
株式会社　25,42
株式公開企業　79
株主　25
株主総会　55,136
株主反革命　50
可変的資源　101
karoushi　33
川下産業　123
考え抜く力（シンキング）　203
環境適応の経営戦略　143
環境（エコ）の世紀　184,189
環境配慮　191
環境問題　3,21,85,189
監査委員会　59
監査役　56
カンバン・システム　80
官僚制組織　47
消えゆく手　162
機会主義　167
機関投資家　81
起業家　23,194
起業家精神（アントレプレナーシップ）
　　26,194

213

企業価値の最大化　112
企業市民　32,78
企業社会　29
企業集団　51
企業戦略　112
企業ネットワーク　106
企業の個性　98
企業の能力　114
企業の役割　20
企業文化　98
技術　101
技術革新　72
技術環境　66,73,160
技術立国・日本　191
規制緩和　184
規則　47
期待理論　152
逆機能　47
キャッシュフロー　121
キャピタル・ゲイン　25,60
キャピタル・ロス　25
キャリア（職業生涯）　198
脅威　115,209,210
供給業者　80
競合企業の脅威　123
競争環境　68
競争戦略　112
競争優位　24
協調戦略　166
協働　5,39
クラーク，K.B.　163
クリエイトの思想　10,188
クリステンセン，C.M.　117
グローバリゼーション　81
グローバル・コンパクト　82
軍隊組織　138
経営家族主義　30
経営計画　66
経営資源　8,15,24,92
経営者（マネジャー）　4
経営者革命論　50
経営者支配　49
経営者社会　50
経営情報システム　127
経営戦略　66,77
経営戦略論　9,13,112
経営の普遍性　5
経営文化　193
経営理念　26
計画化→組織化→命令→調整→評価　7
経済環境　66
経済人　153
経済的レント　116
ケイパビリティ　104,125,128

系列　169
経路依存性　126
ケース・スタディ　205
ケータイ　183,188
厳格なリーダーシップ　156
研究開発（R&D）　11,27
権限の委任　142
限定合理性　167
権力（パワー）争い　156
コア・コンピタンス　116
貢献≦誘引　153
公式化　47
公式の管理　98
交渉　9
高品質・高機能　191
効率　12
高齢者人材　107
ゴーイング・コンサーン（継続企業）　38
コーポレート・ガバナンス　53,77,81
顧客による部門化　148
顧客満足　24
国際会計基準　71
国際的な共同チーム　106
国際標準化機構（ISO）　82
個人企業　39
個人の論理　29
コース，R.H.　160,166
コスト（費用）　24
コスト低減　191
コスト・リーダーシップ戦略　124
固着性　125
固定的資源　101
コーディネーション（調整）　160
コミュニティ・ビジネス　194
雇用リストラ　107,198
コンサルティング（診断）活動　205
コンティンジェンシー（環境適応）理論　13

　　　　　さ　行

サービスによる部門化　148
ザイトリン，J.　175
サイモン，H.A.　167
サイレント・パートナー　50
作業内容の拡大　150
作業内容の充実　150
佐々木利廣　164
サステナビリティ（持続可能性）　85
サプライヤー　126,169
差別化戦略　124
サランシック，G.R.　165
産業組織論　116
参入障壁　113
CSR　13,77,108
シージング　129

214

時間による部門化　148
指揮命令関係　46
事業戦略　112
事業部制組織　140
資金繰り　40
資金的資源　94
資源依存アプローチ　165
資源配分　10
資産特殊性　168
市場　114
市場開拓戦略　119
市場浸透戦略　119
市場調査・需要予測　11
市場の魅力度　114
システミック・イノベーション　172
自然環境　66,69
執行役員制　57
シナジー（相乗効果）効果　104,120
資本　101
指名委員会　59
社会環境　66
社会環境要因　72
社外監査役　57
社会起業家　107,194
社会人基礎力　203
社会性の欲求　153
社外取締役の導入　57
社内カンパニー制　143
ジャパナイゼーション　190
シャンシャン総会　56
従業員社会　194
集権化された経営　142
就社　34
就職活動（就活）　34
終身雇用　29,79
集成型（コングロマリット型）　120
集中型多角化　120
集中戦略　124
熟練　98
酒税率　74
主体的学習人　200
主要なステークホルダー　78
主力製品　186
シュルマン　128
準分解可能性　163
障害者の法定雇用率　84
少数持株支配　49
小規模企業　39
少子高齢化　72
小集団活動　105
消費生活用製品安全法　86
消費者　20
消費者庁　86
消費者保護関連法規　80

情報　97
　——のネットワーク　199
　——の非対称性　174
情報処理　9
情報伝達の経路　46
職能的職長制度　139
職能的（ファンクショナル）組織　139
職能による部門化　147
職能分化　43
職能別組織　138
女性人材　107
所属感　31
所有と経営の分離　25,42
所有なき支配　50
ジョンソン，S.　207
自律化戦略　166
自律的イノベーション　172
事例研究（ケース・スタディ）　17,205
人員削減　21
新規参入の脅威　122
人生や生活の設計（ライフ・プラン）　209
人的資源　95
人的資源管理（ヒューマンリソース・マネジメント）　103
心理的契約　30
垂直型多角化　119
垂直統合型企業　160
スイッチングコスト　123
水平型多角化　119
SWOT分析　93,115,209
スクリーニング　82
スターバックス　85
スタッフ部門　136,138,139
ステークホルダー　38,66
ステークホルダー・アプローチ　77
ストック　128
スポット取引　167
スモール・ビジネス　38
生活者に満足を与える活動　187
生活様式（ライフスタイル）　28
生産か，購買か　160
生産性　12
政治環境　66
政治戦略　166
成熟社会　192
製造物責任法　80
制度的要因　167
製品　114
製品アーキテクチャ　176
製品開発戦略　119
製品別事業部制　141
製品別の部門化　147
セイベル，C.　175
生理的な欲求　152

索　引　*215*

責任感や倫理観　202
責任と権限の委任　149
責任の委任　41
石油ファンヒータ事件　86
設計（デザイン）　10
設備投資　94
背の高い組織　151
背の低い組織　150
先行投資　24
潜在的な利益機会　112
全社戦略　112
センシング　129
専門化　43,147
専門経営者（プロフェッショナル・マネジャー）　43,48,194
総合科学的な方法　16
組織　23
組織学習　104,175
組織間学習　175
組織図　8
ソーシャル・アントレプレナー　194
ソニー　59

データ　97
適材適所　96
テクノロジー・オリエンティド（技術重視）　191
デッドファイナンス　94
テミン，P.　174
電気自動車の市場　77
動学的取引費用　162,171
投資か，撤退か　121
同時併存性　12
統制の範囲　41,149,150
独占禁止法　70
独占的支配　49
独立採算的な経営　142
特許　127
ドックイヤー　117
トップ・マネジメント　45
トヨタ自動車　57,85
ドラッカー，P.F.　12
取締役会　56,136
取引コスト理論　162,164
取引の頻度　168

た　行

ダイナミック・ケイパビリティ　116
ダイバーシティ　193
ダイバーシティ・マネジメント　107
代表　9,211
多角化戦略　114,119
多国籍企業　32
タスク環境　68,69
タスク・ネットワーク　177
タテの組織づくり　149
多様性　193
男女雇用機会均等法　72
単身赴任　29,33
地域活性化　107
地域（または地理）による部門化　147
地域別事業部制　141
知恵　99
チェスブロウ，H.W.　163
知識　97,101
知創造のシステム　193
知的財産権　100
チームで働く力（チームワーク）　203
チャンドラー，A.D.Jr.　160
中間組織　161
中小企業基本法　40
調整　8
陳腐化　200
つくりの思想　10
強み　93,115,209,210
ティース，D.J.　117,129,130
テイラー，F.W.　7,182,205

な　行

ナーフェルト　116
内部化・統合化　172
内部環境　67
内部昇進者　61
内部組織　168
内部統制　78
日本的経営　183,190
日本的サプライヤー・システム　169
人間関係論　182
年功序列賃金　29
能率　12
ノーマライゼーション　83

は　行

ハーズバーグ，F.　96,154
バーナード，C.I.　153
バーナム，J.　50
バーニー，J.B.　102,116,125
バーリー，A.Jr.　49
ハイブリッド　169
生え抜き型の経営者　43
バッファの緊急性　173
花形　120
バブル経済　33
ハメル　128
PPM（プロダクト・ポートフォリオ・マネジメント）　113
ヒエラルキー（階層性）　168
PL法　86
ビジネス・パーソン　185,199

ビジネスプラン（事業計画書）　205
ビジネスモデル　186,189
非正規社員比率　61
ピーターズ　99
PDCA　208
評価　8
非倫理的行為　34
ビール市場　74
プアーなヤング　192
ファイブフォース分析　68,113
ファヨール，H.　7,209
VRIOフレームワーク　125,128
フィランソロピー（社会貢献）　35,86
フェアトレード　85
フェファー，J.　165
フォーマル（公式または成文）組織　136
付加価値　24
不確実性　168
物的資源　93
部門化（部門の編成）　43,147
プラハラッド，C.K.　128
ブランチャード，K.　207
ブランド　99
プレゼン（テーション）　211
プロジェクト組織　143
プロジェクト・チーム　143
プロジェクト・マネジャー　144
プロダクト・ポートフォリオ・マネジメント（PPM）　115
プロフェッション　5
文化　28
分業　43,147
分権化　46
分権（化された）経営　142
分析・判断能力　202
ベンチャーキャピタル　95
報酬　11,28
法人株主　79
法律的手段による支配　49
ホーソン実験　154
ポーター，M.　68,122
ポジショニング・アプローチ　117
補助的ケイパビリティ　171
ボストン・コンサルティング・グループ　115
ホールドアップ問題　170
ボールドウィン，C.Y.　162
本質的コア　171
ホンダ　99

ま　行

マーケティング　27
マイクロソフト社　100
マイケル・ポーター　113
前に踏みだす力（アクション）　203

負け犬　121
マーケット・オリエンティド（市場重視）　191
マズロー，A.　96,152
マトリックス組織　143,144
ミーンズ，G.C.　49
見えざる資産　98
見えざる手　161
見える手　161
ミッション（使命）　23,25
ミドル・マネジメント　45,138
ミンツバーグ，H.　118
無印良品　100
メイクの思想　10
名声　31
メイヨー，E.　154
命令　8,41,47
メインバンク　51
メセナ　35,86
目的　5,6
モジュール化　129,162
モティベーション　7,142,206
モティベーション理論　96
物をいう株主　52
モノばなれ　192
模倣コスト　126,128
模倣困難性　102,126
問題児　121

や　行

山倉健嗣　164
ユーザーコミュニティ　100
有用感　31
豊かな社会　191
ユニクロ　84
ヨコの組織づくり　146
欲求5段階説　152
弱み　93,115,209,210

ら　行

ライセンス契約　102
ライン・アンド・スタッフ組織　139,140
ライン部門　136,138
ラジカル・イノベーション　27
ラフ，D.　174
ラモロー，N.　174
ラングロア，R.　162,171,172
利益　24
リコンフィギュレーション　129
リスクマネジメント　78
リストラクチャリング（リストラ，事業の再構築）　30,33
ルメルト，R.P.　116
レアアース　70
レオナルド-バートン，D.　117

レスリスバーガー，F.　154
レトロ志向　188
連結ルール　172
ロイヤリティ（忠誠度）　100
労働市場　28
労働三法　84
労働法規　70

ロバートソン，P.　171
ロビイング活動　87
ロワー・マネジメント　45

わ　行

ワーク・モティベーション　152
ワークライフバランス　84

編者紹介

齊藤毅憲(さいとうたけのり)

    1942年生まれ
現　職　関東学院大学経済学部教授・横浜市立大学名誉教授・
    放送大学客員教授
    研究集団・ISS研究会代表
    1971年早稲田大学大学院商学研究科博士課程修了
    （商学博士）
専　門　経営学
主　著　『経営管理論の基礎』（同文舘，1983年）
    『上野陽一――人と業績――』（産能大学，1983年），
    『経営学を楽しく学ぶ』（中央経済社，ニューバージョン，2002年）など多数

21世紀経営学シリーズ 1　新 経営学の構図

2011年5月15日　第1版第1刷発行

監修者　齊藤　毅憲
　　　　藁谷　友紀
編著者　齊藤　毅憲
発行所　株式会社 学文社
発行者　田中　千津子
〒153-0064　東京都目黒区下目黒3-6-1
Tel.03-3715-1501　Fax.03-3715-2012

ISBN 978-4-7620-2187-9

©2011 SAITHO Takenori　Printed in Japan
http://www.gakubunsha.com
乱丁・落丁本は，本社にてお取替致します。　印刷／新灯印刷㈱
定価は，カバー，売上カードに表示してあります。〈検印省略〉